怒られの作法

日本一
トラブルに
巻き込まれる
編集者の
人間関係術

草下シンヤ

筑摩書房

はじめに

いきなりですが、皆さんは「**怒られ**」という言葉を知っていますか？「怒る」でも「怒られる」でもありません。自分が怒られているのに、まるで他人事のように相手の怒りを受け流す。こうした〝**怒りの外在化**〟を「怒られ」と表現します。ここ数年、ＳＮＳ上に登場した言葉で、「さっき怒られ案件が発生した」みたいな感じで使われます。なんだか天気予報みたいですよね。

私がなぜ「怒られ」に注目するのか。それは私が、おそらく**日本一トラブルに巻き込まれた経験が多い**物書きであるということ。そして私自身が、ときに無意識に**「怒られ」の技術を使ってきた**こととと関係があります。

私は、彩図社という出版社で編集長として働きながら、同時に草下シンヤという作家として、20年以上裏社会の取材や執筆活動を行ってきました。取材の過程では、社会でタブーとされている領域や公にされていない事実を明らかにしていくことがたくさんあります。そのためクレームの電話や脅迫を受けることは日常茶飯事です。
たとえば、25歳のときに出した『裏のハローワーク』というヤクザのシノギを扱った本では「出版を中止しろ」とヤクザから脅されました。初めて刊行した小説『闇稼業人』では、北朝鮮問題を扱ったことで関係者から殺害予告めいた連絡を受けました。それから『半グレ』という関東連合を題材にした小説を執筆したときは関係者から拉致されかけたり、編集者として携わったいくつかの本では著者が逮捕されたり、いきなり訴えられたり……と、まあ怒られた体験には事欠きません。

もちろん、私もわざわざ相手を怒らせたいわけではないんです。彩図社は大きな会社ではありませんから、誰も手をつけない領域に踏み込まないと生き残れない、一種の生存戦略として裏社会モノを扱っている部分もあります。また、一作家としての立場から言えば、大手メディアは決して扱わない現代社会のタブーや秘境みたいなところを明らかにすることに社会的意義を感じるし、何より面白い。

そして自分の足で裏社会の取材を進める中で、相手が何に対して、どんな理由で怒るのか。その怒りをどう受け止め、どのように対峙すればいいのかといった、怒りの感情に対する〝作法〟を自然と身に付けていきました。この作法は、編集者や作家という仕事を問わず、**怨嗟《えんさ》渦巻く社会を生き抜くために必要なスキル**だと感じます。怒りの処し方を知ることで、読者の皆さんが精神的なストレスを減らし、少しでも生きやすくなってもらえれば嬉しい。そう思い、今回筆を執りました。

この本では、私が実際にヤクザや半グレから怒られたエピソードを多数紹介しています。「脅迫とか殺害予告とかヘビィ過ぎて参考にならない……」と思われるかもしれませんが、そうではないんです。

たしかに怒りの発露の方法が〝極端〟ではありますが、裏社会に生きる人々も根っこは私たちと同じ人間です。何か特殊な付き合い方が求められるわけではない。友人や家族と接するのと同じように「**相手が嫌がることをしない**」という大前提を守っていれば、そうそうトラブルになることはありません。逆にナーバスになり過ぎて、言葉遣いが丁寧になり過ぎたり、へりくだった態度で接したりするほうが反感を買いやすい。

要は、相手の丁寧さに対して、自分も同じくらいの丁寧さで応えることが肝心です。これは**表社会であっても裏社会であっても、人間関係を築くうえで普遍的に言えること**でしょう。

もう1つ、同じくらい大切なのが、「**理不尽な要求や怒りには毅然とした態度で臨む**」ことです。

日本アンガーマネジメント協会等が行った調査によると、日本人は「嫌われたくない」「怒っても仕方ない」という理由から、理不尽な出来事があっても怒れない人が多いそうです。

詳しくは本編に譲りますが、「怒られ」という概念がSNS上で生まれたのも、こうした心理とは無関係ではないでしょう。怒られることで傷つきたくないし、言い返すことで嫌われたくもない。だから**相手の怒りを、事故や天災と同じような対処不能**

な事象として捉え、「運が悪かった」と諦めることでやり過ごすといった心理が背景にあると考えられます。

しかし、相手の理不尽な行為に対してきちんと抗議することは、怒られるのを防ぐこと以上に精神衛生や自尊感情を保つうえで大切です。ただ、これはリアルではなかなか難しい。

かく言う私も、最初から完璧に対応できたわけではありません。出版業界に入って25年が経ち、現在は日常業務の一環としてトラブル対応をしていますが、入社してすぐの頃は、脅してくる相手にひるんでしまったり、面倒なクレームに気後れしてなかなか返答ができなかったりしたこともあります。

特に新人のうちは、ビジネススキルも裁量権もないので、何をどう答えればいいのかわからなかった。それで安易に「すみません」と謝ってしまった結果、「それは非を認めるってことだよな?」と詰められ、余計に問題を複雑化させてしまったこともありました。

謝るのがだめだというわけではありません。しかし謝るのは、あくまで「相手の気分を害してしまったこと」に対してです。相手がなぜ怒っているのか、その原因は話を詳しく聞いてみるまでわかりません。

もしかすると自分とは無関係だったり、相手の勘違いだったりする可能性も多分にあるわけです。だから「気分を悪くさせて申し訳ない」とまず謝ったうえで、「あなたがなぜ怒っているのかわからないから、理由を聞かせてくれないか」と、**怒りの原因に視点を向けて話すことが大切です**。このように「感情」と「事実」を切り分けて考えられるようになってからは、トラブル対応もスムーズに進められるようになりました。

トラブルが起きたときに、極力相手と揉めたくない、穏便に済ませたいという方ももちろんいるでしょう。争いを避けたいと思うのは自然な感情だと思います。逃げて丸く収まるのであれば、それでいいんです。

でも、どんな人にも逃げ切れない場面というのが必ずあります。自分や、大切な人や物を守るために相手と対峙しなければならない。生きていれば、そんな場面が二度や三度はやってくるものです。

少し昔の話をすると、私が中・高生のときには、周りに怖い先輩がたくさんいました。機嫌が悪いだけで人を殴ったり、シンナーや覚せい剤のやりすぎで頭がおかしくなっていたり。それから高校生のときには雀荘に出入りするようになって、強面の人たちと一緒に卓を囲んでいました。そうした理不尽な暴力や抗いようのないヒエラルキーがある中で生き抜くために、トラブルを避けるための「行儀づけ」がなされたところはあります。私の場合、怒りをかわすコツを若い頃から叩きこまれていた部分があるんです。

ただ、そうした環境にあっても全部相手の言いなりになってしまうと、いいように扱われてしまいます。怒られっぱなしで頷いているだけだと自分の感情もなくなってしまうし、不当な要求を受け入れやすくもなってしまう。一方で、こちらも怒りで応酬してしまうと、お互いに感情的になって事態を悪化させてしまうことのほうが多い。

そこで私は、怖い先輩と対峙するときに、なるべく人間関係を柔らかくする工夫を重ねてきました。普段はニコニコしているけれど、譲れない部分はズバッと言う人間だとあらかじめ印象付けておくとかですね。ただこれって、センスや向き不向きもあるので、全員が同じようにやればうまくいくわけでもありません。

ただ、センスといってもやり方はあります。**大事なのは、相手との距離感を正確に測れるものさしを持つことです。そのためには相手をよく観察し、よく話を聞くことが必要です。**

怒っている相手と戦いたくない、逃げたいという気持ちもわかりますが、相手の怒りに向き合うことは喧嘩をすることとはまるで違います。**怖い、逃げたいと思うのは、相手の感情に目が向いているからです。**対話の目的はそこにはありません。相手が怒っている原因を知り、その善後策を講ずることに意識を向けるべきです。

先ほども言ったように、感情と事実を分け、相手の話から事実関係を洗い出していく作業をすれば、自分が取るべき行動と取らなくてもいい行動が具体化されて見えてきます。そして適切な距離感が摑めれば、相手の言いなりになったり、踏み込み過ぎて暴力沙汰になったりするトラブルも防げます。だから必要以上に恐れたり、逆に打ち負かしてやろうと力んだりする必要は全くありません。繰り返しますが、喧嘩をするわけではないのです。

こうした相手の怒りに向き合う技術は、場数を踏むことで鍛えられます。だから逃げてもいいけど、修羅場はできるだけ早いうちに経験しておいたほうがいい。そのほうが後々になって、絶対に楽になるからです。**トラブルを成長の機会と捉えて向き合ってみると、自分の弱い部分が具体的に見えてきます。**性格だったり経験だったり知識だったり技術だったり、自分の弱点を具体的に知ることで、相手の怒りに向き合う具体的な方策もはっきりしてきます。

もっと自由に、チャレンジングな人生を送れるようになるために。人間関係の難所である「怒られの場面」をうまくハンドリングするための作法をこれから身に付けていきましょう。

目次

第3章　人はなぜ怒られたくないのか

第4章 どのように謝罪するべきか

第5章　炎上の傾向と対策

第6章　人間の複雑さを見つめる

第1章

「怒られ」とは何か

「怒られ」とは、怒りの外在化である

「怒られ」という言い回しは、２０１０年代後半頃から若い世代を中心にＳＮＳ上で使われるようになりました。誰が、いつ使い始めたのかはわかっていません。しかしツイッターで「怒られが発生」と検索すると、数十分に1件のペースでツイートされていることから、ネット社会では既にある程度認知され、常用されている言葉であることがわかります。

「怒られ」のユニークさは、「**発生**」という言葉と組み合わせて使われるように、**怒りを感情ではなく現象として捉えている**点にあります。たとえばこんな感じです。

・午前の社内会議で怒られが発生した
・上司に仕事のミスがばれて怒られが発生しそう
・出先から戻ってきたら怒られが発生してた
・〇〇してないのはさすがに怒られ案件だろ

いずれもどこか他人事のような印象を受けないでしょうか。

前後関係にもよりますが、「怒られ」の部分をたとえば「事件」「事故」「災害」といった言葉に置き換えても、ほとんど違和感がありません。つまり怒られることを、**天変地異のように自分とは無関係に発生した現象として捉えている**のが「怒られ」の特徴と言えます。

また「怒られ」は、**怒っている相手に対する不可解性**からも生じます。

皆さんも身に覚えのないことで怒られて、「この人は何を言ってるんだろう」と怪訝に思ったことがあるはずです。相手の誤解なら話は単純ですが、相手がなぜ怒っているのかが純粋にわからない場合もあります。

たとえば、子どものときに親から「机の上を片付けろ！」と怒られても「うるさいなぁ」としか思えないのも一種の「怒られ」でしょう。片付ける必要性を理解していないから、相手がいくら注意しても「何をそんなに怒っているのだろう」としか思えないわけです。このように**相手と自分の価値観や知識、経験、環境などが大きくズレ**

ている場合も、「怒られ」が発生しやすくなります。

この「怒られ」の感覚自体は昔からあったものです。たとえば、すぐに怒鳴る男性を「雷親父」と表現したり、常にイライラしている人を「虫の居所が悪い」「癇癪持《かんしゃくも》ち」と言ったりしますよね。いずれも怒りの発生源を「雷」「虫」「癇癪玉」と人間とは異なる存在に見立てている点では、「怒られ」と共通性があります。

ただし「怒られ」が特徴的なのは、相手だけでなく自分も含めて怒りを外在化している点です。

たとえば「相手の虫の居所が悪かった」と言うとき、怒られた原因や責任を自分以外のもの（相手の性格やタイミング）に求めてはいますが、「自分が怒られた」という当事者意識はあるはずです。一方で、「怒られが発生した」という場合、**自分が怒られているという事実すらも他人事として捉えている**メタ認知的な視点が感じられます。

この感覚は「怒られ」という言葉がネット社会で生まれ、SNS上で使われている点と無関係ではないでしょう。対面での直接的なコミュニケーションが求められる実社会では、（心の中で思うのは自由であるにせよ）「怒られ」として無関心、無責任を貫くことは許されないからです。一方で、ネット上に作り上げた自分のペルソナから見れば、リアルの自分が怒られた事実も傍観者のように俯瞰することが可能です。

このように「怒られ」とは、ＳＮＳというツールを利用して相手の怒りを自分とは無関係な場所に遠ざけ、**怒りの原因や責任を外在化させることで自分の精神を疲弊させない、傷つけないための一種の自己防衛策**とも言えます。

怒りのスイッチが刺激されやすいＳＮＳ社会

高い頻度でストレスにさらされる社会になったことで、一種の回避・防衛行動である「怒られ」という概念が自然発生したことは想像に難くありません。

２０００年代以降、精神疾患による休職者数や労災認定件数は右肩上がりで増加しています。ビジネス書の棚には、自己肯定感の上げ方やマインドセット、アンガーマネジメントといったメンタルトレーニングを題材とした本が数多く並び、ベストセラーを記録したものも少なくありません。

ストレス社会はまた、**個々人の生きづらさや傷つきが社会問題として顕在化されやすい社会**でもあります。

たとえば「ハラスメント」を例に挙げると、かねてより問題視されてきたセクハラ、パワハラだけでなく、近年はモラハラ（精神的な嫌がらせ）、マタハラ（妊娠・出産に対する嫌がらせ）、アルハラ（飲酒の強要）、果ては見るハラ・見せハラ（露出度の高い服を着た異性を見たり、見せたりすること）といった問題も取り沙汰されるようになりました。

これらは近年になって急激に増加したわけではなく、元から存在していたものです。しかし何となく感じていた不快感や違和感、傷つきに公の名前が与えられたことで問題が顕在化され、自分が被害者であることを自覚できるようになった。もちろん被害を防ぐうえでは大切なことなのですが、ストレス源（加害）の増加だけではなく、ストレスや問題を察知する網の目が細かくなり被害を認知する機会が増えていることも、現代のストレス社会の特徴と言えるでしょう。

こうした現象は、やはりインターネットの登場と不可分だと思います。大多数の人がネットやSNSを利用するようになったことで、自分とは本来無関係なことに感情を害されたり、怒りを掻き立てられたりすることが確実に増えています。

たとえば、著名人の失言や不倫、社内トラブル、アルバイトの悪ふざけ（バイトテロ）みたいなものは、ネットが登場する以前から多くありました。新聞やテレビ、ラジオといった限られたメディアから情報を得るしかなかった当時は、そうした日常の出来事はいちいち取り上げられなかったし、職場や家庭での世間話として共有される程度に過ぎませんでした。そのため「当人同士で解決すべき問題」に収まっていたのです。

ところがSNSによって大手メディアと世間話の垣根がなくなった現代では、玉石問わず、大量の情報が直接自分の元に届くようになりました。「ツイッターに晒す」という言葉があるように、**個人間の問題や些末な迷惑行為をつぶやき1つで大量の人間が共有できるようになった**わけです。さまざまな問題が表面化しやすくなったことに対しては功罪の両面がありますが、SNSによって怒りの感情が常に刺激されやすい社会になったことは見逃せません。

そして怒りの原因を外在化する「怒られ」の概念も、あらゆる問題を顕在化するSNSの性質とは切り離せないと考えられます。

「トライブ化」する現代の怒りと怒られ

さらに現代は、怒りが「**トライブ（民族）化**」しやすいのも特徴です。

ネットが普及していなかった数十年前まで、個人が所属できる集団は、家庭や学校、会社、あるいは趣味サークルといった数人から数百人規模の組織に限られていました。こうした対面でのコミュニケーションが要求される集団内では、どうしても自分とは異なる世代、価値観を持つ人々と折り合いをつけていかざるを得ません。そこで相手から何かを言われたり、あるいは自分の意見を主張したりすることで、互いに理解を深め合おうとする姿勢や経験が自然と培われていったわけです。

ところが現在はSNSの登場によって、自分と同じ考えや価値観を持つ人々と容易につながれるようになりました。それも数百ではなく、数十万から数百万という単位でです。さらに一部のインフルエンサーやユーチューバーがそうであるように、フォロワーを集めることで金銭を得て生活することも可能になりました。自分にとって心地良いと感じる人とだけ付き合って生きていけるのであれば、そのほうがラクで楽しいに決まっています。

その反面、欲望や羨望を駆動することで拡大していく**SNS上のつながりは、実社会とは異なりバイアスがかかっている**ことに注意しなければなりません。既に「フィルターバブル」や「エコーチェンバー」といった言葉でも指摘されている通り、同質性の強い集団ほど、自分たちとは異なる意見や価値観を排除しようとする圧力は高まります。

ネット上では、同じSNSサービスを愛用し、その界隈での文脈（ノリ）や属性を共有する人々のことを「ツイッター民」や「ヤフコメ民」などと表現することがありますが、まさに**民族のように徒党を組んで人や企業を攻撃したり、異なる集団が互いを潰し合ったりする現象が頻発しています。**

こうした**怒りのトライブ化と「怒られ」の発生は、どちらも主体が欠落していると**

いう点で合わせ鏡のような存在と言えるでしょう。相手に向けた怒りも、自分に向けられた怒りも、ＳＮＳを介して集団内に希釈することで責任の所在は曖昧になります。

また、ＳＮＳによるつながりは、自分の「正しさ」を強化する方向に働きます。実社会で馬が合わない人間が数人いたところで、ネット社会に同調してくれる人間が数百人いれば、わざわざ相手の話に耳を傾けようとは思いません。

相手の怒りに対して無関心な人や、怒っている理由がわからない人が増えている背景には、他者の気持ちに想像を巡らすコストをかけなくても人間関係を維持できる環境が、ＳＮＳの出現によって整えられたこともあると考えられます。

「怒り」と「怒られ」の違い

ここまで「怒られ」の意味と、「怒られ」の概念が発生した社会的背景について考察してきました。

しかし、そもそも「**怒り**」とは何でしょうか。ここからは私個人の経験を踏まえながら、怒りの感情やその対応について考えを深めることで、「怒られ」のアウトラインをより明確にしていきたいと思います。

怒りは多くの場合、相手の行為に対する「**反応**」として現れます。相手の不快な言動に対して抗議したり、危害を加えてくる相手から身を守ったりするために怒る。激しい感情のエネルギーをぶつけることで、相手の行為を止めたり、変えさせたりするわけです（これとは別に、ヤクザは自分の要求を飲ませる「手段」として怒りを使うことがありますが、その詳細は第2章で語りたいと思います）。

逆に怒られているときは、**相手の怒りに飲まれて思考が停止している状態、服従している状態**と言えます。怒っているときも怒られているときも、感情に心が支配されているという点では同じです。

これに対し「怒られ」は、**感情に片足を残しながら、一方で相手の怒りに引きずられないように距離を取っている状態**と捉えられます。これは相手に精神を支配されないための回避行動であると同時に、相手の怒りに反応して短絡的な行動を取らないための技術（アンガーマネジメント）でもあります。

怒りと怒られの関係性を考えるうえで、こんな興味深い話があります。ノーベル経済学賞を受賞した行動経済学者のダニエル・カーネマンは、著書『ファスト&スロー』（ハヤカワ・ノンフィクション文庫）の中で、「**人間の脳は「システム1（速い思考）」と「システム2（遅い思考）」の2つの思考回路を無意識に使い分けている**」ことを説いています。

速い思考は、自動的かつ直感的な思考システムです。たとえば、雨が降ってきたときに手をかざす、歩行者を確認して自転車のブレーキをかける、音がした方向に振り向くときなどに駆動されます。一方、遅い思考は、制御的かつ論理的な思考システムで、複雑な計算をしたり、文章を考えたり、グラフから情報を読み取ったりするときに駆動されます。

この2つの思考回路は、怒りに対する反応にも当てはめることが可能です。相手の表情や声色から怒りを察知するのは速い思考ですが、話の内容から怒りの原因を考えるのは遅い思考の領域になります。つまり、感情を一旦横に置いて怒りを客観視する「怒られ」は、**遅い思考を駆動するためのテクニック**でもあるわけです。

「怒られ」の技術をうまく使えるようになれば、相手の感情に振り回されることなく、心理的に優位に話を進めることもできます。その意味で「怒られ」は、必ずしもネガティブな反応ではなく、相手や自分の感情をクールダウンさせる有効な方法とも捉えられるのです。

なぜ怒りを「怒られ」と捉えるのか

では、どんなときに「怒られ」が発生するのでしょうか。

ツイッターでの使用例をつぶさに観察していくと、いくつかのパターンがあることに気付かされます。

最も多いのは、「**心が傷つけられることを防ぐ**」ためです。

たとえば「上司に報告を忘れて怒られが発生した」「打ち上げでふざけすぎて怒られが発生した」「お客様から怒られが発生した」といった形で使われます。これまでにも述べたように、相手の怒りを自分の行いとは無関係に発生する天変地異のように捉えることで、自分の責任や問題を外在化させる。「自分のせいじゃない」と自分を納得させることで、精神的ダメージを軽減しているわけです。

平たく言えば現実逃避なのですが、これは怒られる側だけでなく、怒る側の問題も少なからずあると思います。私も編集長として日々気を配っていますが、感情のままに怒ることと叱ることとは全く違います。見分け方は簡単で、**言葉に具体性があるかどうか**です。感情の赴くままに怒りを発散させるだけでは、怒られている側はどう言動を改めればいいのかわかりません。そのような状況が続けばやがて理解することを諦め、「怒られ案件」として処理するようになるのも無理はないでしょう。

怒る相手と怒られる自分の関係値によって「怒られ」が発生するかどうかが決まるのは、「**相手が何を考えているのかがわからない**」という2つ目の理由にも接続します。これは相手が怒っている理由や話している内容が理解できず、反省のしようがないために、原因を自分から切り離して処理するパターンです。

ただし「理解不能」と一口に言っても、その原因は色々あります。先ほど述べたように、相手の説明が抽象的過ぎて理解できない場合もあれば、怒られている側がそもそも理解しようとしていない、怒られていることに危機感や問題意識を感じていない場合もあります。

また、相手がどんな反応や行動に出るか予想できないときも、「怒られ」という表現が使われがちです。たとえば「関係各所から怒られが発生しそう」とか、「あのツイートは各方面から怒られが発生するかもしれない」といった使われ方がされます。この場合、相手は未知の人物だったり不特定多数の存在だったりするため、そもそも理解のしようがありません。

一方で、**相手との関係性を破壊しないために「怒られ」を使う**場合もあります。これは怒られたことに不満や理不尽さを感じているものの、相手との関係性を良好に保つために怒りを外在化させるパターンです。

怒りの本質は闘争であり破壊衝動です。生のまま感情を伝えてしまえば、相手を傷つけ、暴力沙汰になる可能性もあります。それを避けるために**闘争に発展する前段階で、相手の怒りを「いつものこと（=ありふれた現象）」と捉えることで矛を収める。**「○○さんってあぁいぅ人だから」といったレッテル貼りをすることで怒りを処理するのも、一種の「怒られ」と考えられます。

「怒られ」を究めれば「諦観」になる

こうした「怒られ」の感覚は、私も少なからず共感できる部分があります。怒る相手を観察して、冷静に距離を取って対応するという点では、裏社会の取材も同じだからです。

それに私自身が理不尽な悪意や誹謗中傷のターゲットになることも珍しくありません。私が作家の丸山ゴンザレスと共同制作している「裏社会ジャーニー」というユーチューブ番組では、過去に罪を犯して償った人物をゲストに招くことが多いのですが、「犯罪者は死ね」「一生刑務所に入ってろ」といった心無いコメントが度々寄せられます。そういうものにもひとつひとつまともに相手をしていたら、こちらの身が持ちません。だから大抵は「怒られ案件」として私も処理しています。

では、全ての怒りを「怒られ」として処理したら、どうなるのでしょうか。

私は、最後に行き着くのは**人間に対する「諦観《ていかん》」**だと思います。「怒られ」の底流には、他者に対する諦めの気持ちがあります。「話を聞いても無駄」「理解しようとしても無理」「何を言っても変わらない」。こうした諦めがシャボン玉のように怒りの感情を包み込み、虚空に霧散させていきます。そして究極的には、他者に対して怒ることも、他者の怒りに怯えることもなくなっていく。それは岩や雲に怒りの感情が湧かないのと同じです。自分とは決してわかり合えないもの、変えられないものだと理解すれば、そのために悩む必要もなくなります。

こうした人間に対する諦観、他者とは決してわかり合えないという考え方は、私の少年期の人格形成に大きな影響を及ぼしました。きっかけは**小学4年生のときに、クラスの担任が殺人を犯した**ことです。

担任は50代の男性で、子どもたちからも人気のある先生でした。ある日、「自習をしていろ」と言って教室を出ていくと、先生はそのまま帰ってきませんでした。学校を抜け出して、不倫相手を殺しに行ったのです。後から聞いた話では、先生は教え子の母親と不倫をしていて、悩み抜いた挙句、無理心中を図ったのだそうです。しかし先生は死にきれずに、殺人犯として逮捕されることになりました。

そのとき私は「**大人は嘘をつくのだ**」と痛感しました。学校では子どもたちの模範となってルールを教えていた先生が、絶対にやってはいけない殺人を犯した。その事実にひどくショックを受けました。私がいたクラスは学級崩壊を起こし、ピンチヒッターでやってきた先生も途中で辞めてしまい、大人に対する不信感はさらに強まりました。

また同じ時期に、母親から小さな嘘をつかれたこともショックでした。ある日、母親が台所の隅で隠れて煙草を吸っているところを偶然目撃してしまったんです。煙草を吸っていたことは別に何とも思わなかったのですが、母は慌てた様子で「これ、シガレットチョコ（煙草の形に似せたチョコレート）だから」と嘘をつきました。今思えば本当に些細なことですが、当時の私は「**親でさえも自分に嘘をつくのか**」と深く傷つきました。

私が「人はなぜ罪を犯すのか」「人の本性を知りたい」と考えるようになったのも、それからです。今は表現する場所と手段を得たことで感情を昇華することができていますが、当時は、世の中は全て嘘で、信じられる人などいないと本気で思っていました。

思えばこの頃に、他者に対する諦念が心の奥底に棲みついたのかもしれません。

全てを「怒られ」と捉えるのは得策ではない

他者に対する諦めの気持ちは、たしかに人間関係のストレスを軽くしてくれます。ただ、自分に向けられた怒りを全て「怒られ」として処理するのは得策ではありません。相手と場合によっては、怒りを回避することで事態を悪化させることもあります。また相手の怒りを真正面から受け止めたことで、新たな活路や可能性が拓かれることもあります。

それに「怒られ」という言葉をわざわざ口にする背景には、後ろ髪を引かれる思いもあるはずです。相手と正面から向き合えないこと、切り捨てることに対して、「**このままでいいのだろうか**」という不安が残る。その直感は間違いではありません。詳しくは次章以降に譲りますが、**怒りと向き合う方法は「怒られ」以外にもたくさんあるのです。**

相手が怒るのにも、様々な理由があります。単なる暴言や理不尽な要求もありますが、一方で正当な批判であったり、自分のことを考えて注意してくれたりすることもある。そこを理解しようとする姿勢と、適切にジャッジする目は持っておいたほうがいいです。

1つエピソードを紹介しましょう。私が運営する「裏社会ジャーニー」に度々誹謗中傷が届くことは先ほどお話ししましたが、あるとき、元ヤクザと名乗る男から1通のメールが送られてきました。曰く、「番組でデタラメを言うな。おれのほうが絶対に詳しい」と。

よくあるクレームとして無視することもできました。ただ「そこまで言うなら」と思い直し、メールに書かれていた連絡先に電話をしてみたのです。

電話に出た男は、案の定怒っていました。「裏社会の組織に入ったこともない人間が何を偉そうに言ってんだ！」と高圧的な態度で私に迫ってきます。そこで私は、

「具体的にどこが間違っているのか、ひとつひとつ確認させてほしい」と男に頼みました。間違いがあるなら訂正したいと思ったのもありますが、それ以上に男の話が面白そうだと感じたからです。

聞けば、男は数年前まで関西の広域組織に籍を置いていて、一般企業でいう中間管理職のような立場だったそうです。一般のヤクザのイメージからはかけ離れた泥臭い仕事もしていて、それがめちゃくちゃリアリティがあって面白かった。

気づけば、男と私はすっかり意気投合していました。そして最後には「裏社会ジャーニー」に出演してもらう約束をして電話を切ったのです。

その男、てつさんが出演した動画は大変好評で、3本中2本が100万回再生を突破しました。さらにその後、ヤクザ時代の体験をまとめた著書『関西ヤクザの赤裸々日記』を刊行。こちらも売上好調で重版がかかりました。

もしも私が最初のメールを「怒られ」として無視していたら、てつさんとの出会いも、その後の企画も実現していません。これは私が、**ただのアンチによる誹謗中傷と、それ以外の「怒り」を分類して向き合ったことで得られた成果**だと考えています。

一時は諦めの感情に支配されたからこそ、それを乗り越えてつながった人間関係は強く、得難いものであることを私は知っています。裏社会の取材を通じて**たくさんの人の怒りや悲しみに触れてきたことが、揺るぎない自信と他者に対する信頼を築いてくれました。**

では具体的に、どうやって怒りに向き合えばいいのか。これまでに得た経験、学んだことを次章から解説していきます。

第2章

人はなぜ怒るのか

怒りは「コミュニケーションの手段」でもある

第2章では、改めて「**怒り**」の感情について考察していきましょう。

そもそも人は、なぜ怒るのでしょうか。「いや、生き物だから怒るのは当たり前だろう」と思われるかもしれません。たしかにその通りで、人間だけではなく動物も怒りの感情を持っています。

生理学の専門家の話によると、怒りは外部からの刺激に対して脳の大脳辺縁系が反応し、活発に働くことで発露するそうです。思考や理性を司る大脳皮質に対し、大脳辺縁系は「古い脳」と呼ばれ、サルやネコといった哺乳類だけでなく、カラス、ヘビ、トカゲといった鳥類、爬虫類、両生類にもあります。これらの動物に怒りの感情があるのは、敵を威嚇することで争いを未然に防ぎ、生存確率を上げるためです。つまり**非常に原始的かつ、生存競争を生き抜くために欠かせない感情**が本来的な「怒り」と言えます。

しかし、**人間の怒りは動物のように単純ではありません。**たとえば、「あんたはバカだね」と家族に言われても腹は立たないけれど、部下から言われたら腹が立つ人は多いでしょう。また「今すぐこれやってよ」と指示されるのも、忙しいときと暇なときでは抵抗感が異なります。

さらに「怒り方」も人それぞれです。イラっとした瞬間に怒鳴り声をあげる人もいれば、ムスッとした顔で押し黙る人、逆に堰を切ったように早口でまくしたてる人もいます。人間の怒りは、相手との関係性やタイミングによって発露の有無や強度が大きく左右され、その表現の仕方も人によって大きく異なるわけです。

そもそも、不快なことをやめてほしいだけであれば、怒る必要があるかどうかさえ疑問です。動物のように自分を強く見せなければ命を奪われる危険などないのですから、冷静にやめてほしいことを伝えたほうが効率的だとも考えられます。

しかしそれでも、人は怒ってしまう。つまり**「自分は怒っている」ということ自体を相手に伝えたい、理解してほしいという側面もある**と考えるのが自然でしょう。

このように人の怒りは、原始的な感情であると同時に、コミュニケーション手段の1つでもあるのです。

怒りには「感情」と「利害」の2軸がある

では、私たちは相手の怒りをどのように捉えればいいのでしょうか。

私の経験から話すと、怒りには「**感情**」と「**利害**」の2つの軸があります。

感情の軸は、**相手の言動に対して反射的に怒ること**です。これは怒りの発露自体が目的であり、たとえばストレスがたまって怒りが爆発する、自尊心が傷つけられて怒る、不快な言動に苛立つといった形で表れます。

一方、利害の軸は、**何か別の目的や思惑があり、それを叶える手段として怒りを行使すること**です。たとえば、仕事で実害を被った、社会的地位や名誉を傷つけられたといった被害の補償や救済を求めて怒ることもあれば、相手を服従させたい、自分が損を被るのを防ぎたい（いわゆる逆ギレですね）といった私利私欲を満たすために怒ることもあるでしょう。

実際には、怒りの感情と利害の軸は複雑に入り混じっており、すっぱりときれいに分けられるわけではありません。しかし相手の怒りに対峙するとき、この2つの軸を頭の中に入れておくと、冷静に観察や分析がしやすくなります。

後の第3章、第4章でも言及しますが、相手の怒りに対してひたすら謝る、無視する、怒りで返すというのは、いずれも適切な対処法とは言えません。謝るにせよ、反論するにせよ、まずは相手の〝怒りの座標値〟がどこにあるのかを的確に見極める必要があります。

怒りの3つのパターン

ここからは、怒りのパターンについて具体的に見ていきましょう。

怒りは、大きく次の3つのパターンに分けられます。

1　意思表示（反応としての怒り）
2　自己防衛（怯えからの怒り）
3　目的達成（手段としての怒り）

最も多く、わかりやすいのは、自分が受けた攻撃や被害に対する「**反応**」としての怒りです。「傷ついた」「不快な気分になった」といった負の感情を相手に示すために怒ります。先ほどの2軸で言えば、利害よりも感情に重点があるパターンです。

また時に怒りは、「**怯え**」の裏返しでもあります。「弱い犬ほどよく吠える」と言われるように、弱者が自分の立場やプライドを守るために相手を威嚇することもあります。これは感情と利害の両方が入り混じったパターンと言えるでしょう。

そして怒りには、他者の行動や考え、自分が置かれた状況を変容させるパワーがあります。多くのヤクザや権力者はその効果を理解しており、相手を従わせたり、自分に有利な状況を作り出したりするための「**手段**」として怒りを利用しています。感情よりも利害に重点を置いているパターンで、怒りで我を忘れているように見せかけて、実は相手の反応を冷静に観察していることが多いです。

もちろんこれ以外にも、単純に怒りっぽい性格の人や相手のためを思って叱ってくれる人などもいます。しかし多くの場合、怒りはこの3つのうちのいずれかのパターンで捕捉できると考えて問題ないでしょう。

1 意思表示(反応としての怒り)

怒りの背後にある「傷つき」に目を向ける

自尊心や信頼を傷つけられて怒るというのは、誰しも直感的に理解できることではないでしょうか。相手から見下されたり、自分が大切にしているものをけなされたり、過去のトラウマに不用意に触れられたりして、不快な思いをしたことがある人も多いはずです。

問題は、こうした〝地雷〟がどこにあるのか、事前には察知できないということです。怒りを覚えるポイントは個々人によって全く異なるため、大抵の場合は地雷を踏み抜いてから気づくことになります。こちらは無意識にやっていることですから、相手が突然怒り出したようにしか受け止められず、「え、何をそんなに怒ってるの？」となってしまうわけです。まさしく「怒られが発生した」状況ですね。そして相手は、こちらの無理解さや無神経な態度にさらに怒りを増幅させていくことになります。

このような場合、まず相手の怒りは自分に対する攻撃ではなく、**「傷つけられた」という意思表示であることを認識すべき**です。いきなり怒られたらムカッとする気持ちもわかりますが、こちらが怒鳴り返しても事態は全く好転しません。相手が怒りの感情に飲まれているときほど、冷静に対応することを心がけましょう。

そして相手が落ち着いてきたら、**その人が抱えている辛苦や困難といった「傷つき」に目を向けて話を聞いてみます**。「すみません、怒らせてしまったわけを聞かせてもらえませんか？」「何か困っていることがあるんですか？」と、相手の怒りの背後にある理由を引き出していくのです。

ただ当然ですが、人間は信頼していない相手に簡単に弱みなど見せません。いきなり「相談に乗りますよ！」と言っても反感を買うだけです。だから**普段から「気にか**

けていること」を伝えておくことが大切になります。軽く、ひと言でいいので「何か手伝えることがあれば言ってくださいね」など、声をかけ続ける。自分が敵ではないことを態度で示し続けることで、相手も少しずつ態度を軟化させて本音で話してくれるようになります。

相手の怒りの背後に「傷つき」がある場合は、その傷跡が深いほど解決には時間がかかります。一度に解決することはなく、繰り返し「怒られ」が発生するものだと考えておきましょう。そして話を聞くときは、腰を据えて何時間でもとことん聞くことです。「この人は自分のことを受容してくれている」という安心感と信頼感を醸成することが、相手の怒りを解消するために最も大切だからです。

「狂ってる」と恐れられたヤクザが抱えていた悲しみ

相手を意図せず傷つけ、怒らせてしまった経験は私も何度もあります。

昔、周囲のヤクザからも恐れられていたヤクザの先輩がいました。人に嫌味を言ったり、些細な理由から暴力を振るったりすることは日常茶飯事。さらに覚せい剤もやっていたので周りから「頭がおかしい」と思われ、何度も人を傷つけては人が離れていくといったことを繰り返していました。ただ、私は相手の年齢や立場に関係なく人付き合いをするほうで、その先輩ともそれなりに長く友人として付き合っていました。

しかしあるとき、先輩の精神状態が著しく悪化して、人間不信の状態に陥ってしまったことがありました。そして夜中にいきなり先輩から電話がかかってきて、「てめぇ絶対許さねぇからな。話があるから今から新宿まで来い！」と激昂されたのです。

正直、「面倒なことになった」と思いました。なぜ先輩が激怒しているのか、私に

055
＊
人はなぜ怒るのか

は皆目見当もつきません。しかし呼び出しの電話を無視するわけにもいかず、私はタクシーに乗って先輩がいる喫茶店に向かいました。

喫茶店に着いて、先輩に挨拶をしましたが、先輩は口も開きません。イライラした様子で煙草をふかしています。その威圧感に圧倒されて、私は最初、穏便に済ませようと「不快な思いをさせてしまってすみませんでした」と謝っていました。苦虫をかみつぶしたような顔をしていた先輩は私の謝罪を聞いた後、「お前、なにやったのかわかってんの？」とようやく口を開きました。しかし、何を意味しているのかわかりません。

怒っている理由を丁寧に聞き出そうとしましたが、先輩はそれには答えずに「お前は昔からふざけてんだよ！」「お前のせいでどれだけの人間が迷惑をこうむったかわかってんのか！」とただただ怒りの感情をぶつけてきます。

「すみません、どうして先輩が怒っているのか本当にわからないんです」

このままでは出口が見えない。そう思った私は、嘘偽りのない気持ちを先輩に伝えようと腹を決めました。

「正直、自分は先輩のことを恐れていて、今まで深く知ろうとしてきませんでした。だから先輩がどんな人なのか、生い立ちから話を聞かせてくれませんか？」

するとあれほど激昂していた先輩の怒鳴り声が、ぴたりと止んだのです。

それから先輩は、ゆっくりと昔の話を聞かせてくれました。幼い頃は、両親から殴られ続け、ご飯も与えられないひどい虐待を受けていたそうです。さらに家を追い出されて、しばらくの間ホームレスのような暮らしを強いられたこと。それから色んな場所をたらい回しにされ、仲間だと信じていた人間からも裏切られたことなどを、目に涙を浮かべながら話してくれました。その深い心の傷があるから、周りの人間を信じられずに傷つけ、そして人が離れていくことにまた傷ついている。その**負の螺旋から抜け出せずにいる先輩の苦しみに、そのとき私はようやく気付いた**のです。

私は話を聞き終えると、「先輩、すみませんでした」ともう一度頭を下げました。それはこれまでとは違う、心からの謝罪でした。

「自分は今まで先輩のことを怖い人としてしか見ていませんでした。でも今、話を聞いて、同じ人間として先輩が抱えている痛みがわかった気がします。だからこれからも改めてお付き合いさせてもらってもいいですか？」

それ以上、先輩が私を責めることはありませんでした。

事情を知らなかった私は、先輩のことを「面倒くさくて怖い人」としか思えず、メッセージのやり取りもおざなりになっていました。「こんなに面倒な人なら付き合わなくてもいいだろう」と心のどこかで思っていたのです。先輩はそうした心理的拒絶を敏感に感じ取っていたのでしょう。**悪意がなくとも、無意識に遠ざけて無関心を装っていたことが先輩を傷つけていた。**それがわかったからこそ、私は心から先輩に謝ったのです。

その後も先輩とは交友関係が続いていますが、以前よりもだいぶフランクな付き合い方をしています。忙しいときにメッセージが届いたときは、「今立て込んでるんで、また後で返します」と率直に返事をしていますが、それで先輩が怒ることはありません。適当な理由を取り繕って、嘘をつくことのほうが先輩を傷つけると理解できたからです。

もしもあの晩、先輩の心の痛みに気づくことができなかったら、事態はもっと悪化していただろうと思います。

常識や礼儀作法は怒りを買わないための〝お守り〟

先輩の例のように「傷つき」が怒りの発生につながっているパターンは、自分ではなく相手に原因があり、その事情も個人的なものです。だからこそ、相手の話によく耳を傾ける必要があります。

一方で、相手を問わず色々な人から怒られがちな人もいます。そういう場合は、**単純に社会常識がなかったり、礼を失した態度を取ったりしている**ことが多い。ビジネスの場では、むしろこちらのパターンのほうがよくあることかもしれません。知識や経験の不足が招く「怒られ」です。

私の後輩も、無自覚に恩を仇で返すようなことをしてしまい、こっぴどく怒られたことがあります。

その後輩はとある事情で逮捕され、服役後、再起を図るために私の友人に色々と面倒をみてもらっていました。当面の生活費を工面してもらい、仕事口も探してもらって働くようになったところまではよかったのですが、ここから後輩はおかしな行動を連発します。

歩合制じゃないのに「働くモチベーションを高めるため」という理由で給料に見合わない高級マンションを借りる。その結果、生活費が足りなくなり、友人から生活必需品を揃えるために借りていたクレジットカードで支払いをするようになる。さらに断りもなく、そこそこ高いソファーを買って家でくつろぐなど、友人の金を自分の財産のように使い始めたのです。

カードの明細を見て事情を知った友人は、「あいつ、金を盗みやがった！」と激怒しました。当然のことです。しかし驚いたことに後輩は、本当に悪気がなくお金は自由に使っていいものだと思っていたそうです。今まで許してくれていたのだから、大丈夫なのだろうと思い込んでいた。その後、後輩は友人にきちっと金を返しましたが、

「他人のクレジットカードを断りもなく使うことは犯罪と同義」という当たり前の常識があれば防げた「怒られ」でした。

これはちょっと極端な例ですが、会社でも上司に相談せずに話を進めてしまったり、つい友達のような話し方をしたりして怒られた経験がある人は少なくないでしょう。また表社会に上座と下座があるように、ヤクザの世界にも座布団の順番があり、どの位置に座るかで揉めることもあります。

順序を無視したり、礼儀を欠いたりして怒られるのは、ひとえに**「自分が軽んじられている」と感じるからです。**逆に言えば、相手に礼を尽くすことは、**「あなたのことを尊重していますよ」という無言のメッセージを送ること**でもあります。

相手の見栄や自尊心を満たすために仕事をしているわけではないので、個人的にはビジネスマナーにうるさすぎるのは嫌だなぁと思います。しかし、事前に一言、話を通しておけば多くのトラブルを回避できることは確かです。

常識や礼儀作法、報連相は、相手を怒らせないための〝**お守り**〟のようなもので、身につけておくに越したことはありません。

2 自己防衛（怯えからの怒り）

焦りから無意識に相手を攻撃してしまう

続いて、2つ目のパターンである自己防衛（怯え）からの怒りについて考えてみましょう。

自己防衛とは、**自分の立場やプライドを守るために怒ること**です。たとえば、子どものときに弟や妹ばかりえこひいきされて悲しくなった、同僚ばかり評価され自分が見下されている気がする、友人がSNSに上げた幸せそうな写真を見て惨めな気持ちになった、などなど、劣等感やコンプレックスが怒りの原因になっていることが多くあります。

この場合、怒っている本人は何らかの〝**弱者**〟であることがほとんどです。相手の成功や幸福をうらやましいと思うのと同時に、自分にはそれを手に入れられるだけの能力や自信がないと感じている。でも相手から下に見られたくない、馬鹿にされたくない。そうした心の捻れから生まれた負荷が怒りとなって相手に向かいます。

それも面と向かって怒るのではなく、嫌味を言う、揚げ足を取る、陰口を言う、ＳＮＳで誹謗中傷するなど、相手の人格や評価を貶める形で怒りが現れることが多いです。

一方、怒られている側からすれば全く身に覚えがなく、まさに「事故」としか言いようがありません。意図せず相手に不快な思いをさせているという点では、パターン１の「傷つきによる怒り」と似ていますが、前者が自分の特定の言動が相手の怒りのスイッチを押しているのに対し、怯えによる怒りは相手が自分の存在そのものを脅威に感じているため、事情を聞いて解決策を講じるのは難しいでしょう。

実際にこうした理不尽な怒りを向けられた場合は、「怒られ案件」として処理し、できるだけ距離を置く、関わる機会を極力減らすなど、**その人自身よりも環境を改善する**方向に考えを巡らせたほうがよいと思います。

被害を〝公然の事実〟にして嫌がらせをやめさせる

ただ、たまに会う友人やSNSであれば関係を断てば済みますが、学校や職場で毎日顔を合わせなければならない場合は、ずっと無視し続けるわけにもいきません。「自分さえ我慢すればいい」と耐えるのもよくないです。精神的に不安定になって生活にも支障が出ますし、最後は積もり積もった感情が爆発して破滅的な結末を迎える危険性もあります。

嫌味や陰口といった怒りへの対処が難しい理由には、怒っている本人の〝**無自覚**〟と周囲の人間の〝**無関心**〟の問題があります。

いじめによる自殺報道でも、「冗談のつもりだった」という加害者の発言を時折耳にするように、そもそも**生身の人間を傷つけているという意識が本人にはない**ことが多い。

また、嫌味や陰口は、喧嘩で怒鳴り合うといったシリアスな場面ではなく、雑談の中で場を盛り上げるための〝ネタ〟として消費されることがほとんどです。そのため周囲の人間も被害に気づきにくいほか、攻撃されている当人さえも「これは冗談なんだから本気にするほうがおかしい」と認知を歪めて考えるようになっていきます。

このような被害の深刻化を防ぐためには、何かを言われたら**できるだけその場で、小出しに言い返す**こと。それを繰り返して被害の事実を公然にすることで、**個人間ではなく、組織の問題として対応していく**ことです。

私が対応したケースを1つ紹介しましょう。

以前、私が定期的に通っていた出版関係者の会合で、古参の参加者の女性が、新しく入ってきた女性の参加者を傷つけるような暴言や嫌味を吐いていたことがありました。何が原因かはわかりませんが、恐らく「私のほうが立場が上だ」とマウントを取りたかったのだと思います。会合の雰囲気が悪くなるし、新しい参加者もストレスを感じていたので、見過ごすことができませんでした。

ただ、「やめてください」とストレートに注意してしまうと、古参の女性を追い詰め余計に事態を悪化させかねません。そこで悪口を聞いたときはすぐに「○○さんって時々キツイことを言いますよね〜」と冗談めかした合いの手を入れることにしました。それを半年ほど続けた結果、古参の女性も「私は意地の悪いところがありますから」と自認するようになり、嫌味を言うキャラクターという一面が定着しました。そのことで暴言や嫌味のニュアンスも柔らかくなりましたし、周囲も「○○さん、また悪い癖出てますよ」と注意しやすくなりました。最終的にその女性の嫌味は激減し、たまに口にしたとしても随分と角が取れたものになりました。

ポイントは、**「○○さんが悪口を言ったこと」をなるべくソフトに周知させたこと**です。個人間の嫌味や悪口だと、立場の弱いほうが大きなストレスを抱えて何も言えなくなってしまいます。そのため「○○さんはよく怒る、いつも悪口を言っている」ことを全員で共有し、公然の事実として認めさせました。そしてそれを他の人間が糾弾するのではなく、○○さんのキャラクターとして理解して、制御可能な状況にまでゆるやかに変化させていく。

すると怒っている本人は自分の加害行為を自覚するようになる一方で、攻撃を受けている人は一人で悩む必要がなくなりストレスが軽減されます。また、周囲の人間も暴言に対して注意しやすくなりますし、被害者の相談にも乗りやすくなります。

怯えからくる怒りで攻撃されるのは、**閉じられた人間関係や環境が引き起こす災害的な側面もあります。**そのため職務分掌を変える、席を移動する、時間帯をずらすなど、環境を変えることで改善される可能性もあります。どんな対策をとるにせよ、個人間に問題を閉じ込めないことが大切です。

戦うときは一気に、一刺しで

一方で、環境を変えたり注意したりしても、相手が全く聞き耳を持たず攻撃をやめない場合もあります。パワハラやセクハラにも同じことが言えますが、その場合は被害の物証を集めることに注力するのも手です。

最終的に反撃するかどうかは別として、証拠集めに意識を向けることで冷静さが生まれて、パニック状態にならなくて済みます。わけがわからないままやられっぱなしになっている状態が最も精神的に追い詰められるので、それは避けなければなりません。また、証拠を集め始めると多少のことでは動じなくなるため、不思議と相手も「何かある」と勘づいて攻撃をやめることもあります。

実際に反撃する場合は、小出しにせずに、**一刺しで息の根を止める**ことが大切です。下手に証拠があることを匂わせたりすると、相手に握り潰されたり隠蔽されたりする可能性があります。そのため録音やメモ、メールのやり取りなどの被害の物証を相手が言い逃れできないレベルまで黙々と集めます。そして十分に証拠が揃った段階で、上司や労働組合などに被害を訴えて短期間で決着を図りましょう。

3　目的達成（手段としての怒り）

相手が威圧してきたときは、自分が有利だと思え

最後は、目的を達成するための「手段」として怒るパターンです。

これは裏社会だけでなくビジネスの場でもよく使われる技術です。怒鳴ったり凄んだりすることで気の弱い人や争う利がない人の思考を停止させ、交渉を有利に進められます。

個人的には、このパターンの怒りがいちばん御しやすいと言えます。相手が怒り狂っているときは、どんな行動を取るのか予測ができません。しかしこの場合は、怒っているように見せかけてこちらから金銭や有利な条件を引き出したいという別の狙いがある。つまり**自分を攻撃することは本当の目的ではないので、冷静に対応すれば危**

害を加えられることはありません。

たとえばヤクザの世界にも、最初に舎弟が凄んで脅した後で、兄貴が優しくなだめて金銭での解決を図るといった古典的な交渉術があります。これもある種のロールプレイに過ぎず、断ったところで殴られたり刺されたりすることはまずあり得ません（ただし自分に過失がある場合は別ですが）。

交渉の場で怒るのは、そうしなければならない理由が向こうにあるということです。**正攻法で話がまとまるのであれば、わざわざ怒る必要はない。つまり、自分のほうが有利な立場にいるわけです**。そのため相手が怒鳴ろうが机を叩こうが意に介さず、相手の要求に「わかりました」と頷きさえしなければ負けることはありません。

相手の怒りを鎮めようとするよりも、本当の狙いがどこにあるのかを見極めるために、メモを取るなどして冷静に話を聞くことが大切です。

こちらから「誠意」の意味を考えてはいけない

実際に、私もヤクザや取材相手から何度も脅されたことがあります。どんな場合でも、やはりまずは相手の話をよく聞くことです。すると相手が本当に怒っているのか別の狙いがあるのか、違いがはっきり見えてきます。

相手が傷つけられて怒っている場合は、誠心誠意謝れば大体は解決に向かいます。しかし金銭が目的の場合は、どれだけ謝っても「誠意を見せろ」「実害をどうしてくれるんだ」と譲りません。

その場合、「**誠意を見せろってどういうことですか？**」と逆に質問します。相手は「お前が意味を考えろ」と言ってきますが、「考えたけどわからないのではっきり言ってください」と食い下がります。

「金を出せ」と言った時点で恐喝罪になるので、相手ははっきりとは要求してきません。そのため「どうなるかわかるよな？」と暴力を匂わせて、こちらが空気を読んだり、金で解決を図ろうとしたりするように仕向けるわけです。

しかし先ほど説明した通り、こちらに危害を加えることは本当の目的ではありません。なので、何を言われても気にせず「**すみません、わからないのでもう一度説明してもらえますか？**」と質問を繰り返します。こうしたやりとりを延々と続けていくと、やがて相手も疲れて「もういいわ」と音を上げます。

仮に相手が不当な要求をしてきた場合は、弁護士に相談して犯罪の構成要件を洗い出し逆に攻勢に出ることもできます。怒りを手段として使うのは諸刃の剣でもあるのです。とにかくこちらから忖度せずに、とことん議論の俎上に載せて話し合うことが重要です。

「場面」を作られたときは黙らない

裏社会では、怒りで「**場面を作る**」こともあります。

たとえば、初対面の相手と交渉するときは、面会の場に舎弟を連れていき横に座らせます。そこで水をこぼしたり失言をしたり、わざと小さな粗相をさせるのです。その瞬間に兄貴が「てめえ、客人の前で何してんだ！」と怒鳴って舎弟を殴ります。相手が素人の場合、これだけで委縮して何も言えなくなってしまいます。こうして**場の空気を支配し、交渉を有利に進める**のです。舎弟を殴る以外にも、店員を怒鳴る、「今□□にいるんだけど来てよ」と電話で仲間を集めるふりをするなどして相手を牽制することもあります。

場面を作られたときは、とにかく黙らないことです。緊張から無言になってしまうと、恐怖や不安が増大して一方的に相手の要求を受け入れやすくなってしまいます。そこで相手がアクションを起こしたら、「ちょっとやりすぎじゃないですかね」と緊張を和らげるような言葉をかけます。「こっちの問題に口を挟むんじゃねえよ」と言われても、「いやいや目の前で人が怒られているのは胸が痛むので」と、またすぐに返します。

ポイントは、怒っている相手を注意するのではなく、**「こんな雰囲気では話し合いができないです、それは困りますよね」と問題点を相手と共有する**ことです。自分は争いを好まないこと、動じていないことを冷静に伝え続けることで、相手も「無意味だな」と思ってこけおどしをしなくなります。

脅されたときは「訴えてくれ」と言う

過去にあった具体例を1つ紹介しましょう。

これは取材相手から不当な金を要求されたケースです。

私が編集を担当した本に『ルポ西成 七十八日間ドヤ街生活』があります。著者の國友公司さんが約2か月半、大阪西成区のあいりん地区で実際に働きながら住人や労働者の実態をレポートした本なのですが、その中にとある男性ホームレスの写真を掲載しました。男性の自転車の荷台に「煙草1本買います」と書いた紙が張ってある写真で、「煙草の1本買いを求めるホームレス」というキャプションをつけたのですが、それを見た本人から「わしゃホームレスじゃないんや!」と会社にクレームの電話がかかってきました。

男性の主張は、「自分はホームレスじゃないのに、本を見た知り合いからホームレス呼ばわりされてめちゃくちゃ腹が立っている。どうしてくれるんだ」というものでした。

仮にこれが事実だとしたら、こちらに過失があるため誠意をもって対応しなければなりません。そこで「不快な思いをさせて申し訳ありません」と謝ったうえで、どういう経緯でこの写真が撮影されたのか男性に詳しく話を聞いていきました。

ところが男性は言っていることが支離滅裂で、一向にホームレスじゃないかどうかの確認が取れません。さらによく話を聞いていくと、どうやら金がほしいのだとわかりました。

「誠意を見せろや！」

男性はこの一点張りです。恐らく数万円も渡せば納得したのでしょうが、事実確認が取れないまま金銭を支払うことはできませんし、払いたくもありません。そこで私は男性にこう提案しました。

「では、裁判を起こして訴えてくれませんか？」

「はあ？」

「今の時点では事実確認が取れないのでお金を払うことはできないんですよ。でも、あなたの言うことが本当なら、裁判を起こせば間違いなく勝ちます。裁判でホームレスではないことが立証されれば、こちらはすぐに賠償金をお支払いしますので、訴えてください」

「んなこと、できるわけないやろ！」

どうせ無理だろうと高を括ったわけではありません。私は過去に訴えられた経験から、こうした**金銭トラブルは法廷の場で解決を図るのがいちばんいい**と本気で思っています。そのため「簡易裁判所に行けば、少額訴訟手続きというのがありますよ」と、個人でも簡単にできる訴訟のやり方を教えたのですが、男性は終始「できへん」の一点張りです。そのうち「公衆電話からかけてるからもう電話が切れる」と言うので、「番号を教えてくれればこちらからかけ直しますよ」と伝えました。しかしそれも無理だと男性は言います。

「家がないから電話がないんや！」

そして電話は切れてしまいました。

結局、男性には金は支払いませんでした。でも嫌がる写真を載せ続けるのはよくないと考え、書籍を文庫化したタイミングで写真は削除しました。

こうした要求をされたときは、個人間で話をまとめようとせず、司法の判断を仰ぐのが最も確実です。その場で相手の言い分を無視したり、全否定したり、要求を受け入れたりするのではなく、自分と相手が同等の立場で話し合えるステージに引きずり出すことをまずは考えましょう。

恐れを克服するためには「知識」が必要

ここまで怒りのパターンとその実例、具体的な対応策を見てきました。

ただ「理屈はわかったけど、実際に怒鳴られたらびびって冷静な判断ができるか自信がない」という方もいるでしょう。それは無理もありません。私もまだ駆け出しだった頃は、相手の威圧感に飲まれて言葉が出てこなかったときがありました。

交渉や争いごとは性格的な向き不向きもたしかにあります。ですが、**怒りによる恐**

怖に支配されないために準備を整えることは誰にでもできます。必要なのは正確な情報と知識です。

たとえば、高額訴訟を起こされたときに「人生が終わった」と絶望する人もいれば、「これだったら弁護士費用は200万円ぐらいで済むかな」と冷静に考えられる人もいます。訴訟に関する知識があるかどうかで、心の持ちようは全く変わってくるわけです。

知識不足は、必要以上の恐怖や不安を喚起させます。ヤクザに脅されたときも、知識がないと「本当に殺されるんじゃないか」と怯えることしかできません。

しかし相手の素性や狙いがわかれば、「金がないからカマをかけてきているんだな」と冷静に対処できるようになります。イメージだけで捉えるか、実務的なものとして捉えるかで、取り得る対策にも大きな差が出てきます。

相手の怒りに対して適切に向き合えるかどうかは、心の胆力とは無関係です。これまでに例を挙げたパターン1、2、3のように、相手が何に対して怒っているのか、その想定がきちんとできているかどうかの違いです。

いちばん手っ取り早いのは実際に怒られることで、実地を踏めば自然と怒りの理由を想定できるようになります。そのため私は「**できるだけ早いうちに修羅場を経験しておいたほうがいい**」と部下や後輩には言っています。

また、そうした経験が今までになくても、相手の話を細かく聞いたり情報を調べたりすることで冷静さを取り戻すことはできます。知識を蓄え、具体的な戦略を立てることに意識を向けられれば、むやみに怖がることもなくなるのです。

パニックになったときほどルーティンを守る

怒られたときに自分がパニック状態になっているかどうかは、頭に浮かぶ言葉の種類でもわかります。

「やばい」「どうしよう」「こわい」など感情的な言葉しか出てこないときは、恐怖でパニックに陥っています。一方で、冷静な場合は「今すべきことはこれ」「これは先にやっておこう」など、具体的な方法や手段が出てくるはずです。自分がパニックになっていると思ったら、できるだけ早く冷静さを取り戻さなければなりません。

相手の頭が真っ白になっている間に交渉を畳みかけるのは、ヤクザがよく使う常套手段です。一度恐怖に支配されると正しい判断ができなくなります。追い詰められた状況から早く逃れたいばかりに、確証バイアスが入って誤った情報や甘い誘いを信じてしまったり、自分に不利な条件を飲みやすくなったりします。

そういうときこそ、いったん落ち着きましょう。どんな問題であれ、人生が終わることはほとんどありません。

客観的に状況を把握するため、問題点や関わっている人物を洗い出して俯瞰できるように整理すべきです。自分だけで考えず、信用できる人物に相談するのもいいでしょう。そして決まった時間に食事や睡眠をしっかりとるなど、いつもと同じ生活リズムを保つことが重要です。不安に駆られて夜中まで考えたり調べ物をしたりするのは、コンピューターが熱暴走するのと同じで裏目に出ます。**自分をクールダウンさせる方法をどれだけ持っているかで選択の良し悪しも変わってきます。**

「叱られる」経験は自分に変化をもたらしてくれる

ここまで紹介してきたように、相手の怒りを鎮め、対抗する術を知っておくことは、社会をサバイバルするうえで大切なことです。その一方で、受け入れたほうがいい怒りもあります。相手が自分のためを思って「**叱って**」くれたときです。

数年前の話ですが、あるヤクザ関係者をユーチューブ番組で取材するため準備を進めていたところ、知り合いの裏社会の人間から「問題がでかくなるから首を突っ込むな！」と怒られたことがありました。

最初は理由がわからなかったのですが、どうやらそのヤクザ関係者と昔から因縁がある素性の悪い人間が何人かいるようで、問題がこじれる危険があるためあまり目立つことはしないでほしいということでした。

結局、そのときは相手が抱えている問題とは無関係な内容だったため、取材を押し通したのですが、その後は「こういうやばそうな案件があるんだけどどう思う？」と取材を進める前に知人に確認するようにしました。知人は丁寧に答えてくれて、あのときも自分のためを思って忠告してくれたのだとわかりましたし、おかげで安心感を持って取材を進めることができています。

皆さんにも心当たりがあるかと思いますが、良い叱り方をしてくれた人に対しては、後々になって「あのときああ言ってくれてありがたかったな」と感謝の念が湧いてきます。「怒る」のは、自分の利益を中心に考えた感情の発露。対して**「叱る」のは、相手の利益や成長を考えてたしなめることです**。同じ怒りの感情に思えても、その作用は全く異なります。

良い叱られ方をした後は、自分の中にポジティブな変化が表れます。わざわざ衝突するリスクを負ってまで苦言を呈してくれる人ほど、貴重な存在はいないのです。

「個人」と「システム」の両面から対策を考える

相手が怒っているのか、それとも叱ってくれているのか。その判断は、詰まるところ自分次第です。

部下が命令どおりに動かないことを怒る上司は、叱っているつもりで怒っていることが多くあります。「お前のためを思って言っているんだぞ」と言いながら、独善的に説教をする人もいます。怒られている側が「くどい」「ためにならない」と感じたら、相手は叱っているつもりでも、それは怒っていることになるのです。

叱ることの意義は、相手に自分の個性に応じた解決法を気づいてもらうことにあります。「何でできないんだ!」と繰り返すのは、怒っているだけです。ミスを注意するだけでなく、その人が自分の弱点を認識し、同じミスを防げるようにヒントを与えてあげなければなりません。

私の部下にも、コミュニケーションや進行管理が苦手な編集者がいます。シングルタスク思考というか、仕事自体は丁寧で質が高いのですが、複数の物事を同時に任せるとテンパってしまいミスをしやすいタイプです。

あるとき著者と打ち合わせをするために「ゲラ（校正刷り）を印刷しておいて」と部下に頼んだのですが、前日に違う仕事にかかりきりになっていて、打ち合わせ当日にゲラを印刷するのを忘れてしまったことがありました。「これでは著者と打ち合わせができない」と叱ったのですが、注意するだけではなく、なぜこのようなミスが引き起こされるのかを考え、改善する必要があると感じました。

そこでまず「慌てやすい性格であること」を自覚してもらったうえで、やらなければならないことは必ずメモに残すように約束させました。そして毎日終業時間の30分前に、今日やり残したことがないか確認する時間を設けるようにしました。もちろん叱り方は様々だと思いますが、自分はそこまでやって初めて「叱る」ことになるのかなと思います。

誰しも、自分で自分の欠点を認識することは困難です。ただ感情のままに「どうしていつもミスばかりするんだ！」と怒れば、相手は萎縮し、もっとミスを繰り返すようになります。またトラブルの原因は、個人の能力不足だけでなく、仕事の進め方やシステムがミスを誘発していることもあります。そのため全体的な視点からミスの原因を考え、個人の責任に帰すのではなく、ミスが起きにくい〝仕組みづくり〟をすることが大切です。

それを1〜2か月間運用してみて、だめだったら違う対応策を考える。そこまでしなければ相手の行動は変わらないし、叱っても意味がありません。

怒りは成長の起爆剤にもなる

人は皆、怒りの感情を持っています。男も女も子どもも老人も等しく怒ります。しかしその扱い方は、人によって大きく異なります。嫌なことがある度に怒鳴るのは、泣き喚く赤ん坊と変わりません。同じく相手の怒りに飲まれて服従するのも未熟です。

泣き・笑いと違い、怒りは、**相手の行動や関係性を変容させる**可能性が高い感情です。怒りに任せて怒鳴れば争いに発展し、失望、軽蔑され、人間関係が断たれる危険もあります。逆に相手の怒りに飲まれれば、不本意な行動を取らざるを得なくなる。

だから色々な感情がある中でも、**怒りについてはできるだけ理解を深め、うまくコントロールできるようになったほうが絶対に有益です**。

行動や関係性を変容させるということは、怒りにはそれだけ爆発的なエネルギーがあることの証左でもあります。経済的な成功者には、ルサンチマンを抱え、それを自分の成長の起爆剤にしてきたタイプが珍しくありません。しかし、怒りを内在化したまま合理的な行動を取るのは誰にでもできることではない。だから意思の力に頼らず、怒りを制御できる技術が必要になります。そして「**怒られること**」**を自分の中でポジティブにリフレーミングできるようになれば、さらに成長を加速することができます**。

次の第3章では、怒られることの意味と心理について考えていきましょう。

第3章

人はなぜ怒られたくないのか

人間関係のトラブルは完全には防げない

怒りの表現方法は人によって異なるように、怒られ方にも様々なタイプがあります。相手の興奮を鎮めようとなだめる人もいれば、黙る人、反論する人、まともに話を聞かずにやり過ごそうとする暖簾に腕押しタイプもいます。原因を外在化させて怒りを無力化する「怒られ」もその一種でしょう。

第1章で、「怒られ」は怒りを天災や事故のように捉えることだと説明しました。それは私も同感です。自分がどれだけ注意していても、否応なしに巻き込まれてしまうときはある。しかしだからこそ、私は**「発生件数を減らす」ことではなく、「発生したときにどう対処するか」**ということを考え続けてきました。「運が悪かった」と諦める前に、できることは案外多くあります。

それに実社会では、相手の怒りを無視し続けることはできません。相手の怒りを恐れるあまり、行動が回避的になることにもリスクは伴います。ならば、マイナスの出来事に向き合う方法を学ぶことで、マイナスの感情を打ち消せるようになったほうがいい。

では、どうすれば「怒られること」に対する恐怖を克服できるのでしょうか。

コンビニバイトでおじさんに怒られた思い出

それについて考える前に、私が実際に怒られたほろ苦い経験談を2つご紹介しましょう。

1つは、高校を卒業して間もない頃の話です。

私は地元のコンビニで、深夜にアルバイトをして生活していました。高校の後輩も同じ店でバイトをしていて、いつも2人で学校の延長のようなノリで働いていました。

ある日、いつものように後輩とレジカウンターの中でしゃべっていると、40代くらいの中年男性が商品を持ってレジにやってきました。時間は明け方近くだったと思います。私は手早くバーコードをスキャンすると、商品をレジ袋に詰めながら「この後どっかいく?」と後輩を遊びに誘いました。

「きみが今話す相手は、彼じゃないだろう」

ふいに聞こえてきた男性客の声に、私はギクリとしました。お客さんから接客態度を注意されたのはそのときが初めてで、正直「痛いところをつかれた」と思いました。

「うるせーな」

私は威圧的な態度で商品を袋にまとめると、男性客の前に突き出しました。

その後、男性客がコンビニを訪れることは二度とありませんでした。

話としてはこれだけです。しかし20年以上経った今でも、私は忘れることができません。なんてダサいことをしてしまったのだろう……。時が経ち、大人になって社会経験を積むほど、あのときの自分の未熟さが恥ずかしくて仕方ありません。

男性客に図星を指された私は、**怒られた事実を正面から受け止められませんでした。**後輩の前で恥をかきたくない、面子を保ちたい。そんな自分の小さなプライドを守るために男性客を威圧してしまった。そんな自分の愚かさに対する後悔は、これからも消えることはないと思います。

高校2年生でヤクザにボコられる

もう1つ、忘れられない苦い思い出があります。

高校2年生のとき、私は男友達3人と夜道を歩いていました。すると、対面から3人のヤクザがやってきて、なぜか友人の1人に因縁をつけてきたのです。

「てめぇ、にらんでんじゃねぇよ！」

そう叫ぶなり、ヤクザたちはいきなり友人を殴り始めました。

友人は何度も「違います！」と説明しました。実際にその友人は目つきが悪く、喧嘩を売っていると勘違いされやすいタイプでした。

しかし酒か覚せい剤が入っていたのか、ヤクザたちはまるで聞く耳を持ちません。

私はヤクザを説得するため、とっさに間に割って入りました。

「コイツ本当に目つきが悪いだけなんで、絶対にらんだりしてませんよ！」

しかし、あまりにも不用意でした。

「てめぇも仲間か！」

逆上したヤクザから、私は集団でリンチされました。いかに相手がヤクザといえども、高校生を3人がかりで殴り続けるのは明らかに異常です。

本当に殺されるかもしれない。

殴られながら命の危険を感じた私は、咄嗟に「すみませんでした」と謝ってしまいました。

友人や自分の身を守るためには、仕方がなかったのかもしれません。しかし**理不尽な暴力に屈して謝ってしまったことが、私は悔しくてなりませんでした。**

問題は、行動する前に選択肢を用意しておかなかったことです。ほかの友人2人に「すぐに警察を呼んでこい！」と頼んでおけば、状況も変わったでしょう。しかしそのときの自分は「話せばわかってもらえる」と安易に考え、不用意に間に入ってしまった。その結果、謝りたくないのに謝らなければならない状況に陥ったのです。

そのときから私は、筋の通らないことで謝るのは絶対にやめようと心に誓いました。そして相手の暴力や理不尽な要求に屈しないためにはどうすればいいのか。それを考え、自分を裏切らずに生きていくための努力をしようと思ったのです。

本当に怖いのは、怒られることではない

お話しした2つのエピソードには共通点があります。それはいまだに私が、そのとき自分が取った行動を〝後悔している〟ということです。

ややレトリックに聞こえるかもしれませんが、本当に恐ろしいのは、怒られること自体ではなく、**怒られたときに「心にもない言動を取ってしまうこと」ではないかと思います**。相手に対する恐怖から非がなくても謝ってしまう。逆に、申し訳ないと思っているのにプライドを守るために相手を責めてしまう。選択した行動は正反対ですが、どちらも本心とは裏腹である点は同じです。そして私は、今でもその選択を後悔している。ある種の〝トラウマ化〟と言ってもいいでしょう。

後悔や罪悪感が厄介なのは、それを昇華できずに心の中に留めておくと、やがて自分に対する失望につながっていくことです。

もちろん、私がヤクザにリンチされて決心したように、自分の考えや行動を改める薬になることもあります。しかし自家中毒的に「何であのとき、ああできなかったん

だろう」と自分を責め続けていると、自己肯定感が失われて自暴自棄になってしまう。それを防ぐためには、失敗や後悔から学びを取り出すこと、そして怒られたときに「正しく反応する方法」を身に付けることです。

皆さんも、今までに怒られた経験は1つや2つではないと思います。その中でも、**思い出すときに心の痛みを伴うものと、そうでないものがあるはずです**。その違いは何でしょうか。

一方的に怒られて何も言えなかった。無理やり頭を下げさせられた。本当はこう思うけど従わざるを得なかった。そういうときほど、後悔は残るはずです。

逆にどれだけひどく怒られても、何度頭を下げても、本心に従った行動を選択できているのであれば心に傷が残ることはないでしょう。

だから、怒られること自体を過度に怖がる必要はありません。

怒られることのリスクを正しく評価する

問題は、怒られたときに「なぜ本心とは裏腹の行動を取ってしまうのか」ということです。その背後には、**自己保身の心理**があります。

少し整理してみましょう。まず怒る側と同じく、怒られる側の心理にも「感情」と「利害」の2つの軸があります。感情は、「傷つけられたくない」「腹が立つ」「謝りたい」など、怒られたときに本能的に表出する反応です。対して利害は、「殴られるのではないか」「賠償金を請求されるのではないか」「立場や信頼を失うのではないか」といった、怒られることで生じる物理的、社会的なリスクです。

この感情と利害を天秤にかけ、リスクが大きいと判断した結果、人は「ここは黙って言うことを聞いておこう」「理不尽でも謝っておこう」「相手のせいにしてやろう」といった本心とは裏腹の行動を取ってしまいます。

リスクを計算して行動すること自体は悪いことではありません。ただし第2章でも説明した通り、多くの人は知識や経験の不足からリスクのほうを過大に評価してしまいがちです。そのために後になって、「なんであんなことをしたのだろう」と後悔することになる。

従って、**怒られたときに正しく反応するためには、怒られることのリスクを正しく評価できるようになることが大切です。**

そこでここからは、怒られることで生じるリスクを「**身体的リスク**」「**訴訟（金銭的）リスク**」「**信頼性のリスク**」の3つに腑分けし、それぞれの対応方法を詳しく見ていきたいと思います。

1　身体的リスク

脅しの9割はハッタリ

まずは身体的リスクです。これは相手から殴られたり、刺されたりといった暴力を振るわれる危険性を指します。

第2章でも触れましたが、裏社会では、揉め事が起きたときに暴力をちらつかせて優位に立とうとすることが非常に多いです。取り締まりが厳しくなった関係で最近はあまり聞かなくなりましたが、「殺すぞ」「さらうぞ」と直接的な言葉で恫喝してきたり、「あなたにはひどい目にあってほしくない」と含みを持たせた言葉で脅してきたりすることもあります。また、「〇〇さんがお前のこと許さないって言ってたよ」と、第三者が自分を狙っているようなことを吹き込んで不安や疑念を抱かせるといった手もよく使われます。

ただ、裏社会を長年取材してきた自分の経験から言うと、実際に危害を加えられるケースは多くはありません。

自分と同じように、相手も感情と利害を天秤にかけて判断しています。本当の目的は金銭や有利な条件を引き出すことで、怒りはそれを叶える手段として使っていることが多い。本当に暴力を振るえば、自分が逮捕されて逆に不利益を被ることになってしまいます。それを理解しているため、滅多なことでは実力行使に出ないのです。

そのため身体的リスクの本質は、暴力を振るわれることではなく、**「危害が加えら**

れる」という不安から、自分で行動の選択肢を狭めてしまうことにあると言えます。

まずは、相手が怒りによって何を狙っているのか、冷静に腹の底を探る目を持つことが大切です。

「「ヤクザ者」ってバカにしてんのか？」

では、暴力を匂わされたら具体的にどう対応すればいいのでしょうか。

自分の経験上、暴力に訴えるタイプには、延々と怒鳴り散らして相手を萎縮させようとする「**恫喝タイプ**」と、何も言わずにこちらを睨んで圧力をかけてくる「**無言タイプ**」の2種類がいます。

恫喝タイプは、**とにかくあることないことまくしたてて、相手を何も言えない状態にさせる**のが手口です。反論する機会や意思を剝奪して、最後に「こういうことだよな？」と有無を言わさず認めさせようとします。

2008年に出版した『裏のハローワーク「交渉・実践編」』の「はじめに」にも

書いたのですが、あるヤクザ関係者のインタビューを終えて雑談していたときに、いきなり恫喝されたことがありました。話の中で、私が「ヤクザ者」と口にした途端、相手の態度が豹変したのです。

「ヤクザ者ってのは、なんだ。俺らの稼業をバカにしてんのか？」

「あのな、俺が自分のことをヤクザって言うのは構わんよ。だがな、外の人間にそんなふうに呼ばれる筋合いはない。任俠なんだよ、俺たちは。あんたがそれをヤクザなんて言い出したら、ふざけるんじゃないって話だよ」

私はわけもわからず謝罪しました。

「なんだと、このヤロー。謝るってことは非を認めたってことだな。お前もわかってんだろ。ヤクザの語源を。知ってて口にしたならいい度胸してるよ。取材させてくださいと申し込んでおいて、その相手のことを役立たずと思ってたってことだからな」

花札の「おいちょかぶ」では、「8・9・3」の目が出ると最も弱いブタの目になることから、転じて役に立たない者のことを「ヤクザ」と呼ぶようになったという説があります。

私は「配慮に欠けた発言で申し訳ありませんでした」ともう一度謝りました。しかしなおもヤクザの勢いは止まりません。

「配慮がないだ、ふざけるんじゃないよ。お前は仮にも物書いて飯食ってんだろう。任侠や極道っていう言葉も知っているはずだ。その中からわざわざヤクザを選んだってことは、ただの偶然には思えないな。喧嘩を売っているようにしか見えないんだよ。どうなんだコラ！」

あまりの迫力に、私は口をつぐむことしかできませんでした。

実はこれは「ヤクザが恫喝する手口」を示すために、相手が一計を案じて行ったデモンストレーションでした。本気で怒っていたわけではありません。しかし、そのやり方は大変リアルです。実際の場合も、最初に机を叩いたり怒鳴ったりして相手を怯ませたあと、とにかく言葉の揚げ足をとってまくしたて、相手が反論する機会や意思を削いでいきます。

「恫喝タイプ」には質問を繰り返す

多くの人はこのように恫喝されたら、頭が真っ白になってしまうかもしれません。でも、それこそが相手の狙いです。「無理を通せば道理が引っ込む」ではありませんが、暴力的な言動で思考能力を奪って、理不尽な要求を飲ませたいと相手は考えています。

そういうときは**同じフィールドで戦わない**ことです。相手が「無理」に訴えるのは、「道理」がないからにほかなりません。力で押してくるときは、徹底的に論理で対抗していきます。

対処法はシンプルで、「**頷かずに質問を繰り返す**」。これだけです。

相手がどんな難癖をつけてきても、最後には話をクロージングしなければなりません。「責任を取れよ」「誠意を見せろ」と言って、最後に金を要求したり、何かの書類を書かせようとしたりするわけです。

そこで私は、クロージングの話が出るまでは「ずっと何か言ってるな」と聞き流し、相手が話をまとめようとしてきたら「**納得できないので、もう一度最初から説明してもらってもいいですか？**」と質問します。「馬鹿か」「なめてんのか」と言われても、

「そうではなく本当に理解したいんです」と何度もくり返し粘ります。

「本心から納得できれば喜んで言うことを聞きます。でも嫌がることを脅してやらせるのは犯罪ですよね。あなたは犯罪がしたいんですか。違いますよね。だったら、お互い納得できるまで話し合いましょう。私はとことん付き合いますよ」という感じですね。

相手は元々道理がありませんから、無理が通用しないとわかれば、要求を諦めざるを得なくなります。

冗談で会話に〝風〟を入れる

ただし、不必要にこちらが強気に出てしまうと、相手の怒りもエスカレートする恐れがあります。最初は手段として怒りを使っていたのが、本気で切れて殺傷沙汰になることもなきにしもあらずです。そのため相手を言い負かすことではなく、あくまで「怒りのボルテージを上げないこと」に注意を向けましょう。

そこで忘れてはならないのが、**小さな気遣いとユーモア**です。

怒られているときに相手に冗談を言ったり、優しくしろというのは難しいかもしれません。たしかにこれはセンスが問われる部分で、言い方次第では嫌味に聞こえたり、おちょくっているように聞こえたりする危険もある（なので、余裕があるときにやってみようくらいの心構えでいいです）。要は、**緊迫した空気の風通しを良くして、怒りの熱量を下げる工夫がほしい**ということです。

たとえば、相手が「どうなるかわかるよな？」と脅してきたら、「またそういうこと言って、良くないですよ」と少し砕けた感じでツッコんだりします。また、相手のグラスやコーヒーカップが空いていたら、言葉が切れたタイミングで「どうぞ」とビールを注いであげたり、「おかわりしますか？」と聞いてあげたりする。会話にこうした〝風〟のような展開を入れることで、相手の肩の力を抜いてあげるわけです。

ただし、冗談を言うにせよ、気遣うにせよ、大切なのは**嘘をつかない**ことです。心にもないお世辞で相手の気分を良くしようとするのは逆効果で、「こいつは自分が助かりたいだけだな」と足元を見られます。だから言うときは、友人や家族と同じように敬意をもって言う。すると、「案外、懐が深いな」と相手は感じ取り、怒りのボルテージも下がっていきます。

「無言タイプ」には沈黙を貫く

一方で、何も話さず圧力をかけてくる「無言タイプ」は、どう対応すればいいのでしょうか。

これはズバリ、**こちらも無言で応戦する**ことです。相手は「俺に何か言うことあるよな？」と水を向けて黙り、こちらの言質を取ろうとしてきます。皆さんも経験があると思いますが、無言で睨まれると人はつい焦ってしまう。それで不用意な発言をしてしまい、墓穴を掘ることが多いのです。

沈黙に耐えるために、私はよく相手の鼻の頭を見ます。視線は逸れているのですが、相手からは目が合っているように見えるため、「落ち着いているな」という印象を与えられます。あとはひたすら我慢比べです。「相手が先に音を上げるまで絶対に帰らないぞ」と決めて、とにかく黙っています。

このとき重要なのが、**無理に場をまとめようとしたり、解決にもっていったりしないことです。**「もしかしてあのことを怒っているのかな」とか、あれこれ考えていると、自分のほうが先に疲れてやられてしまいます。ここここそ「怒られ」の考え方が効力を発揮する場面で、「自分には関係ないからしばらくぼーっとしていよう」くらいの気持ちでいたほうが楽です。

「そんなに楽観的に構えて大丈夫なのか」と思うかもしれません。しかし無言で威圧してくる場合は、実は相手もどうにもできないケースが多いのです。本当は交渉カードがないのに、ブラフをかけていることがままあります。そのため「何か言うことあるんじゃねぇのか」と言われても、「いえ、ありません」と言うだけでいい。あれこれ自分から話す必要はありません。逆にこちらから「聞きたいことをはっきり言ってください」と問いかけることもあります。それでも無言を貫くのであれば、何も反応しないことです。

問題の所在や原因がわからない状態で怒られ続けるのは、不均衡なコミュニケーションです。そのまま話を続けても、必ず自分が劣位に立たされます。自分が気づかないうちに相手に失礼なことをしていたという場合もありますが、それでも**一方的にこちらに話をさせるというやり方はフェアではありません**。そうした要求には、そもそも乗らないことです。

本当に暴力を振るってくるような場合

身体的リスクの本質はこちらの選択肢が狭められることだとお話ししましたが、本当に暴力を振るわれることも当然あります。それは相手が怒りを制御できていないときです。

相手が利害を超えて憎しみに支配されている場合は、こちらから距離を置く以外方法はありません。たとえば、パートナーからのＤＶ、ストーカー被害、不倫のもつれなどの場合、相手の目的は自分を暴力で支配することなので、危害を加えられる可能性が極めて高い。だから**ヤクザや半グレといった脅しのプロよりも、感情に飲まれて**

パニックに陥りやすい素人のほうが、ある意味怖いのです。

また暴行されるリスクは、閉じられた空間や関係性だと飛躍的に高まります。

裏社会でも、殴られたり刺されたりすることが多いのは、実は被害者ではなく、一緒に犯罪をしている仲間同士だったりします。お互い絶対に第三者や警察を頼れない状況だとわかっているため、凄惨なリンチや制裁が加えられやすいのです。

少しでも身の危険を感じるようであれば、自宅や会社、ホテルの部屋といった密室では会わないこと。そして2人きりで話さず、第三者を交えるか、いつでも外部に連絡できる状況で話し合うようにしましょう。

２　訴訟（金銭的）リスク

裁判にかかる時間とお金は？

次に訴訟リスク、つまり相手から訴えられることで生じるリスクやデメリットについてお話しします。

訴えられるのが怖いのは、**裁判によって膨大な時間や金銭が奪われたり、社会的信用が失われたりする可能性があるためです。**

たとえば民事訴訟の場合、提訴されてから判決が下されるまでの平均審理期間は9・9か月というデータがあります（令和2年時点、最高裁判所「裁判の迅速化に係る検証に関する報告書」より）。これは第一審のみを対象としているため、仮に相手が控訴・上告を行えば、さらに多くの時間がかかります。

その間に被告（訴えられた側）は、弁護士と相談して訴状に対する答弁書を作成・提出し、口頭弁論のために複数回裁判所に出廷しなければなりません。民事訴訟は刑事訴訟とは違い、無視しても罪に問われることはありません。しかしその場合、ほぼ100％敗訴し、相手の言い値で賠償金を支払わなければならなくなります。そのため訴状が届いたら迅速に対応すべきです。

答弁書の作成や口頭弁論は、弁護士に頼まず自分で進めることもできます。しかし法律に関する知識がないと敗訴する可能性が高いため、やはり通常は弁護士に依頼することになります。

弁護士費用は、主に「相談料」「着手金」「成功報酬」「日当」「実費」などが必要です。それぞれの金額は弁護人によってまちまちですが、相談料は1時間あたり5千円から1万円程度、着手金や成功報酬は原告から求められた賠償金額によって変わってきます。また、自分の代わりに裁判所への出廷を弁護人に頼む場合は、1日あたり5万円～10万円程度の日当と、旅費交通費などの実費が加算されます。

たとえば、相手から1000万円の損害賠償金を請求されて完全勝訴した場合、弁護士費用は総額で１５０万円から２００万円程度になる見込みです。この弁護士費用は、たとえ完全勝訴しても全額自分で負担しなければなりません。不当に感じられる場合は、相手を反訴してこちらから賠償金を請求する必要があります。

また、民事であっても裁判は一般に公開され、誰でも自由に傍聴できます。相手からの訴状が自宅や会社に届くことで、家族や会社に起訴された事実を知られることもあります。

「訴えるぞ！」は脅迫罪になる可能性がある

このように、裁判沙汰になると時間的にも金銭的にも痛手を負うことは確かです。ただ実体験から言うと、**トラブルが訴訟にまで発展するケースはまれ**です。仕事上、組織や業界のタブーに踏み込むことが多いため、これまで１００件近いクレームや脅迫を受けてきましたが、実際に裁判沙汰になったのは1件だけです。それも事前に内容証明郵便を送られるなどの忠告があったわけではなく、いきなり訴状が届いて訴えられました（この件については後ほどお話しします）。

実際に訴えるとなれば、原告側は被害事実を立証するために、被告以上に時間や金を費やさなければなりません。また訴えたところで、必ずしも勝てるわけではありません。まして、名誉の回復や被害の補償ではなく、都合の悪い事実を隠すために口を封じることが目的なのであれば、裁判で事実をつまびらかにされて困るのは相手側です。そのため**「訴えるぞ！」と訴訟を匂わせてきた場合は、十中八九こけおどしと考えて問題ありません。**

それに訴訟をちらつかせて相手を怖がらせる行為は、脅迫罪にあたる可能性があります。「訴える」と簡単に言ってしまう人は、そのへんがよくわかっていないことが多い。

だから実際に、恫喝の手段として訴訟をちらつかせてくる相手に対しては、「いま訴えると言いましたが、それは脅迫行為ですよ。罪になる可能性があるとわかっていますか？　これ以上脅しを続けるのであれば、私は刑事告訴しようと思います」と言います。すると大抵の場合「もういいよ」と向こうから折れてきます。

同じく内容証明郵便が送られてきた場合も、相手は本当に裁判を起こしたいわけではなく、示談で収めたいと考えていることがほとんどです。そのため相手の主張をしっかり聞いて、無駄に恐れず、甘くも見ず、丁寧に対応すれば恐れることはありません。

裁判は「怒りの冷却装置」である

実際に裁判沙汰になったケースを紹介しましょう。

私が編集を担当した『ついていったらこうなった』という本があります。著者でジャーナリストの多田文明さんが、手相診断、絵画の即売会、自己啓発セミナーなど、街で声をかけてくる怪しいキャッチセールスに実際についていって、その手口や組織の実態を明らかにしていく潜入ルポです。

その中に「聞くだけで頭の回転がよくなるテープ」を販売する会社に潜入取材を行って書いた記事があります。すると出版後、記事を読んだ会社から著者と彩図社宛てに訴状が届きました。

訴状には、次のようなことが書かれていました。

「本件各記述（本に書かれた内容）は、一般読者に対し、①原告が悪徳企業であり、②宗教と関連がある怪しい会社であり、③悪質な営業セールスを行っており、④商品は怪しいもので効果もない、との印象を与え、原告の社会的評価を低下させ、その名誉、信用を棄損する」

「被告らは、書籍を回収して廃棄せよ。また、原告に対し、連帯して金１１００万円を支払え」

要するに、本に書かれている内容は根も葉もないデマで名誉を棄損している。だから書籍を回収したうえで、うちの会社に１１００万円を払えというわけです。

結論から言うと、裁判は我々が完全勝訴しました。名誉棄損の裁判では、発言や記述の「真実性」「公共性」「公益性」の有無が争点になります。つまり、書かれていることが事実で、公共の利害に関係する内容であり、公共の利益のために執筆されたことが問われるわけですが、その点は著者も私も丁寧に取材をしていたため勝てる自信がありました（裁判の顚末は、『ついていったらこうなった』の文庫版に「訴えられたら、こうなった」として詳しくまとめていますので、ぜひ読んでみてください）。

実際に訴えられてわかったのは、**裁判は「怒りの冷却装置」である**ということです。当事者間の争いに司法が介在して、時間をかけて仲裁することで、お互いの怒りをクールダウンさせるためのシステムなんですね。

先ほど完全勝訴したと言いましたが、結審に至るまでには紆余曲折ありました。第一審で勝訴したあと原告から控訴され、その後原告から和解の申し入れがあったものの条件が折り合わず、最終的に原告が控訴を取り下げたことでようやく終わりました。つまり、めちゃくちゃ面倒臭い。その手続きの多さと時間の長さが実は重要で、最初はお互いに「絶対に打ち負かしてやる！」と熱くなっていたのが、**裁判が長引くにつれて「これ以上怒っても無駄だから手打ちにしようか」という気持ちになってきます**。

実際に裁判を終えるまでに、１年半ほどの時間と、２、３００万円の弁護士費用がかかりましたが、私は裁判の仕組みがよく理解できて、とても有益だったなと今は思っています（文庫版に裁判の顚末を追記して出版したことで、弁護士費用の元を取ることもできましたし……)。

こうした経験があるため、私は相手から不当に金銭を要求されたら、堂々と「訴えてください」と言います。第2章にも書きましたが、内々に済ませようとして不当な金を払うよりも、**司法の場で公正に争ったほうが後腐れがなく、大きなトラブルにも発展しにくい**のです。そして「訴えてください」と言って、実際に訴えられたことはありません。

悪質な要求に対しては、透明性を持って対峙すべきだと思います。

３　信頼性のリスク

隠したい失敗ほど正直に話す

最後は信頼性のリスクです。これは、怒られることで自分の評価が下がったり、信頼が失われたりする危険を指します。

たとえば、「同僚や部下がいる前で上司から叱責された」「周りに大勢の人がいる中で客からクレームを言われた」といった経験がある人は、少なくないのではないでしょうか。

このとき忘れてはならないのが、**怒っている相手だけでなく、周囲の人々からも自分の態度や言動に注目が集まっている**ことです。ここに自覚的でなければなりません。

怒られているときにどういう反応をするのか、つぶさに観察されているからこそ、雑な対応をすれば後々になって自分の評価にはね返ってきます。

相手の怒りに対して自分も怒り返したら「稚拙だな」と思われますし、聞き流しているようであれば「理解力がないな」と思われるかもしれません。そうした場面が積み重なれば、いずれ「こいつは駄目なやつだ」と烙印を押されかねません。

しかも悪い噂ほど人づてに伝播しやすい。「あいつはこういうやつだから」と情報が回って、社内で孤立してしまうこともあり得ます。信頼性のリスクは、身体的リスクや訴訟リスクと比べると一見軽く感じられるかもしれませんが、日常生活を送るうえでは最も気を配らなければならないことです。

まずはなぜ自分が怒られているのか、理解しようとする姿勢を持ちましょう。そしてこれが大切なのですが、**ただ謝ったり話を聞いたりするだけでなく、対話に持っていく**。わからないことがあれば、臆せずこちらから質問することです。そのうえで「これからはこういう風にしていきます」と改善案を伝えられれば、自分に対する評価の低下は防げます。

また信頼が失われるときは、失敗したときではなく、相手を裏切ったときです。だから**失敗を隠したい、逃げたいと思ったときほど、正直に相手に報告したほうがいい。**当然怒られはするでしょうが、相手は「都合の悪いことでも隠さずに話してくれるんだな」と思い、むしろ評価がプラスに転じることが多くあります。

「隠したいという心理」こそが罪

　裏社会では「へたを打つ」（ミスをする）ことで叱責されたり、キツい体罰を加えられることがあります。しかし、悪意のないミスを素直に伝えた場合は、いくらか罰が軽減されます。最もやってはいけないことはミスを隠して、その悪影響が大きくなってから発覚することです。「なぜ、素直に報告をしなかった」として壮絶な「焼き入れ」が加えられることになります。

　人はミスをする生き物です。悪意のないミスの場合、ミスが発生したこと自体は残念ですが、仕方がない側面もあります。組織としては同じミスが起こらないような工夫をするなどして対応したいところです。

しかし、「怒られるのが嫌だからミスを隠した」というのは人間性の問題です。そのような人物が組織にいれば、いずれ更に大きなトラブルやミスを引き起こしかねません。そのため「てめえ、ミスを隠してんじゃねえよ！」と激しく怒られるわけです。

表社会でも基本構造は同じです。

先日、出版社の後輩に編集作業を依頼していた本でミスがありました。入るべきではないポイントで改行が入ってしまい、本に大きな空白ができてしまったのです。

社外で取材中だった私のところに後輩から電話がかかってきました。

「申し訳ありません。大きなミスをしてしまいました」

開口一番後輩は謝罪し、具体的なミスの説明をしました。後輩自身、とても悔しく、ツラいミスだったと思います。しかし、言い訳するような口振りではなく、きちんとミスを認めて端的に説明をします。

大きなミスだったため、数千部を再度印刷しなければならず、数十万円の損害になります。

「すぐに報告してくれてよかった。出荷には間に合うからすぐに修正して再度入稿しよう」

私はそう答えて、再印刷の手順を指示しました。そして再発防止策を考えてくれと伝えました。

正直、印刷費については「痛いなー」とは思いますが、後輩に対する評価は上がりました。仕事にはミスが付き物です。それを隠蔽しない人間であることがわかったことで、信頼性は上昇し、組織になくてはならない人物であることが確認できました。

叱責される可能性のある事態に陥ったときの振る舞いで、自分の価値を上げることも下げることもあるということを理解しておきましょう。

身を守るためではなく、納得するために怒りに向き合う

ここまで3つのリスクの話をしてきましたが、怒られたときに正しく反応できない

ケースには、ある共通点があります。それは「**過剰に自分の身を守ろうとすること**」です。

「殴られるかもしれない」
「訴えられたらどうしよう」
「だめな奴だと思われたくない」

肥大した不安に飲みこまれ、自己保身を最優先に考えてしまうことで逆に状況を悪化させてしまう、袋小路に迷い込んでしまうことが、実に多くあります。

怒られたときに、恐怖や緊張で頭が真っ白になってしまうのは仕方がありません。それは本能的な反射で、自分の意思ではコントロールできないからです。しかしだからこそ、**自分を守ることではなく、相手が怒っている原因に意識を向けることが重要です**。

たとえば、身体的リスクにさらされたときに、暴力を避けることばかりに意識を向けてしまうと、「やめてください」「怒らないでください」と〝お願いの言葉〟ばかりが出てきてしまいます。その時点で上下関係が決定づけられて、相手の支配下に取り込まれてしまいます。

そこで私は、相手が暴力をちらつかせてきたら暴力の話はしないし、金の話になったら金の話はしない。あえて相手の目的と違う話に逸らすことで、相手の悪質な戦略にはまらないようにしています。

一方で、もしも相手が本当に殴ってきたり殺そうとしたりしてきたら、それはもう自分ではどうしようもないと割り切っている部分もあります。身の危険に対する注意は常に払ってはいますが、そこに頭のリソースは持っていかない。

つまり、自分の意思でコントロールできること（戦略）と、コントロールできないこと（実被害）を区別し、**できることに集中したほうが状況を改善できる可能性が高まる**ということです。

そのためにまず考えるべきは、その場から逃れる方法ではありません。

相手がなぜ怒っているのか、その根本原因を探ることです。

原因を探るには、相手の怒鳴り声や罵倒ではなく、内容に耳を傾けること、そして相手をよく観察することです。逃げようと思うと余計に恐怖が増幅されていきますが、話の内容を理解することに集中すれば、自然と冷静さが取り戻されていきます。

そして相手の怒りの原因が見えてきたら、自分が納得できていない点を率直に伝えます。「理由はわかった、けれどもここがまだ納得できないのでもう一度説明してほしい」と対話を深めていくことで、対等な関係で話を進めることができるようになるはずです。

人間関係のリスクとコストは、戦っても逃げても同じ

とは言え、「やっぱり怒られたくない」と思うのも無理はありません。

正直な話、**相手の怒りから逃げ切れるのであれば、それでもいい**と思います。円満に事が運ぶならわざわざ戦う必要はないというのも一理あります。

ただし、怒られないように行動し続ければリスクを回避できるかというと、そうは

いかないのではないかと私は思います。

怒られることにリスクがあるように、**「怒られ」から逃げることにもリスクはある。**

それは、**発言や行動の自由が制限される**ことです。

たとえば裏社会では、逃げる相手を追い詰め、ボロを出させて搾取するのが常套手段だったりもします。

人を恐喝するときは、相手の弱みに付け込むのが最も効果的です。しかしターゲットに弱みがないことも多くあります。その場合、まずは攻撃的な言葉で相手を威圧して、精神的なストレスをかけます。すると大抵、相手はストレスから逃れるために、つまらない嘘をついて自爆します。たとえば電話で呼び出しを受けたときに、本当は暇なのに「仕事がある」とか「今誰々といるので行けない」とか言って、会うのを避けようとするわけです。

そうなればしめたもので、恐喝する側はすかさず「てめえ嘘ついてんじゃねぇよ」と相手の嘘を責めます。そこから「てめぇ隠れて何企んでんだコラ」「おれのこと切ろうとしてんのか」と次々に畳みかけていきます。すると相手は焦って、さらに嘘や自爆行動を重ねていく。これを2~3回くり返すと、相手はすっかり何も言えなくなって、遂には恐喝を飲んでしまうのです。

このような極端な例でなくとも、怒られることを避け続けていれば、行動できる範囲は狭まっていきます。会いたくない人が多いほど、会える人や行ける場所も少なくなるし、仕事やSNSで自分から情報を発信することもできなくなってしまいます。**責任を負わない代わりに、自由を失ってしまう**。それは人生において、とても大きなマイナスです。

戦うにしても逃げるにしても、どちらにも異なるタイプのリスクがある。そしてトラブル解決のためにかかるコストは同じであることは、知っておいたほうがいいです。

問題に決着をつけないことで自分が飲みこまれる

怒りの原因や問題を外在化する「怒られ」も、怒りによる傷つきから自分を守るための一種の防衛手段です。相手の怒りと向き合って戦うか、それとも逃げるか、一時的に判断を保留している状態と言ってもいい。

どちらを選ぶかは自由です。時と場合によって最適解も違うでしょう。ただ、全てを「怒られ」として処理して、態度を保留し続けるのはよくありません。問題を外在化させても、怒られたときの感情は消えません。むしろ**問題に決着をつけないことで、吐き出しようのない感情が澱のように溜まっていき、心を曇らせていきます**。

感情を溜め込んでしまう人は、人を誤解させやすくもあります。不快なことをされても何も反応しなければ、相手は気づくことができず行為を改めることもできません。すると最後には感情が爆発して関係が破綻してしまう。相手からすれば、突然こちらが〝切れた〟ように見えるわけです。だから、感情は自分がコントロールできるうちに、こまめに吐き出していくことが大切です

特に悪感情は、心の中で増幅されるのが常です。

たとえば私のツイッターには「復讐したいやつがいるからヤクザを紹介してくれないか」といったようなDMが届くことがあります。その度に「それは絶対やめたほうがいいです」と私は止めます。

もしそれであなたが逮捕されたら、嫌な相手のせいであなたの人生は終わることになる。仮に成功したとしても、周りの人間が信じられなくなる。どちらに転んでも悲惨な人生を歩むことになってしまいます。怒りの感情を育ててしまうと、自分自身が飲まれて破滅的な結果を招くことになりかねないのです。

だから自分が怒りに飲み込まれないためにも、相手の怒りに向き合うことはやはり大切なことだと思います。それは自分の心を魔道に堕とさないための防衛策でもあるのです。

第4章

どのように
謝罪するべきか

謝るべき場面とそうでない場面を見分ける

第４章では、怒られたときの「謝り方」について考えていきます。

まず前提として、**謝罪は「謝るべき場面」と「謝らなくてもよい場面」をきちんと見分けることが大切です。**

こちらの過失で相手を傷つけた、損害を負わせたなど、然るべき事情がある場合は、相手が納得のいくまで誠心誠意謝る。一方で、こちらの小さな過失につけ込んで暴利を要求されたり、一方的に責任を押し付けられたりするなど、道理の通らないことにまで謝る必要はありません。何でも条件反射的に謝ってしまうと、かえって問題が複雑になり自分の立場を危うくすることもあります。焦って解決しようとしない、口先だけで謝らないことがとても大切です。

では、「よい謝罪」とは、どんな謝り方でしょうか。

私は、相手だけでなく、自分も納得したうえで謝ること。そして、その後も貸し借りを作らずに「**対等な関係性を継続できる謝り方**」が、よい謝罪なのだと思います。

そのためには、やはりここでも相手の怒りに対する理解が必要になります。すなわち、感情と利害の2軸によって、怒りの座標点を見極めることです。

たとえば、相手の言葉や態度に傷つけられたとき、つまり感情的に怒っているときに、「これで機嫌直してください」と相手が寸志を渡してきたらどうでしょうか。多くの人は、「こいつは自分のことを馬鹿にしているのか」と、余計に腹が立つのではないでしょうか。一方で、仕事のミスで少なくない実害を与えられたときに、ただ「申し訳ありません」と平謝りだけされても、「それでは全く問題が解決しないよ」と思うでしょう。

相手が精神的な決着を望んでいるのか、それとも利害の決着を望んでいるのか。その度合いによって、こちらの謝罪方法も変えていかなければなりません。

ダメな謝罪のパターン

謝罪をするときは、特に相手の感情にセンシティブである必要があります。相手も自分の言動に対して敏感になっていますから、同じことを話すのでも、謝り方次第でうまくいくときもあれば、余計に怒りを増幅させてしまう場合もあるわけです。

だめな謝罪には、大きく2つのパターンがあります。1つは**相手の感情に飲まれてしまうパターン**です。

先ほども書いた通り、謝罪のゴールは「相手と対等な関係性を継続すること」です。そのため、ただ相手の怒りを受け止め、頷いていればいいわけではありません。たとえば、相手の怒りを鎮めるために、「全て○○さんのおっしゃる通りです」と全肯定したり、「ご希望にそえるように全力で頑張ります」とその場しのぎの言葉で取り繕ったりするのは、得策とは言えないでしょう。

仮にこちらが100％悪かったとしても、できることはできるし、できないことはできません。**「全て仰せの通り」「何でもやる」という態度は、後々になって自分の首を絞め、結果的には事態を悪化させます**。

また、クレーム慣れしている相手こそ、罠を張ってそうした不用意な発言が出るのを待ち構えています。基本的に自分はしゃべらずに「ふーん」とか「それで？」とプレッシャーを与え続け、こちらが譲歩した言葉を発した瞬間に「どういう意味だそれ？」「言ったからには責任取れよ」と詰めてくるのです。そうやって追い込まれていくと、最後は地蔵のように固まって「はい、はい」と頷くしかなくなってしまいます。

先ほども書いたように、相手の言葉をただ受け止めることしかできないのは、自分に「できること」と「できないこと」がわかっていないからです。具体的な策がなければ、自ずと受動的にならざるを得ません。最初に相手をクールダウンさせる目的で、「この度は不快な思いをさせてしまい申し訳ありません」と謝るのはＯＫです。しかし一通り怒られた後には、必ず「じゃあどうすんの？」という話がきます。

そこで具体的な提案ができるかどうかで明暗は分かれます。必ず相手の期待に応えろということではありません。「**申し訳ありませんが私はここまでしかできません**」という回答でもいいのです。

いずれにせよ、できることとできないことのラインが定まっていれば、相手の主張にどう対応すべきか、具体的な次の言葉が出てくるはずです。差し出せるものが〝気合〟だけになっていないか、謝る前に確かめておきましょう。

だめな謝罪はもう1つあります。**相手の感情を無視して聞く耳をもたないパターン**です。

受動的なパターンが相手の感情に飲まれているのに対し、こちらは相手の感情を全く考慮していないパターンとも言えます。「自分は悪いと思わないけどとりあえず謝っておこう」「そのうち許してくれるだろう」と**軽い気持ちで謝ると、相手の感情を逆なでして火に油を注いでしまう**ことが珍しくありません。

表面的な態度だけ申し訳なさそうにしても無駄なのは、**発言と責任の所在が不一致になってしまうから**です。たとえば、客からのクレームに対応するときに、申し訳ありませんと謝りつつも「上司からはこう言われています」と他人事のように言ったり、対応を求められても「自分に聞かれてもわかりません」と返したりすれば、相手は「こいつでは話にならない」と思うでしょう。

実際に仕事では、「自分に責任はないけれど、社としては謝らなければならない」という場面もあると思います。そういうときは、**誰のために、何のために謝るのか、**

自分の立場を明確にしてから謝罪に赴くべきです。「自分は悪くない」という気持ちばかりが先行すると、相手は「舐められている」と感じて態度を硬化させます。「これについては謝る」「ここは謝れない」と、自分が責任をもって謝れるポイントをはっきりさせてから謝罪したほうが、相手にも誠意が伝わるはずです。

国民的人気アニメの原作者に怒られる

現在は適切な謝り方がある程度見えますが、私も編集者として駆け出しだった頃は、トラブルが起きたときにどう謝ればいいのかわかりませんでした。それで和解できなかった苦い経験もあります。

私が彩図社に入ったのは23年前、地元から上京してきたばかりの21歳のときでした。そのとき彩図社はまだ商業出版をしていませんでした。しかも社員は数名しかおらず、編集のノウハウを持っている人もいない。社長も理系畑出身で、「本が好きだから出版社をつくっちゃおう」と立ち上げたのはいいけれど、どうにもならずに自費出版で糊口をしのいでいるような状況でした。

　そんな中に私が入社して間もない頃、ある人から「自伝を出したい」と手書きの原稿が送られてきました。名前を見て驚きました。その人は、「ちびまる子ちゃん」に登場する、はまじというキャラクターのモデルとなった人物だったからです。

　しかも原稿を読んだら面白かった。そこで私が編集を担当して、自費出版をすることになりました。自費出版の場合、初版は通常500部、多くて1000部くらいです。ただ、著者は素人ですがネームバリューがあるし、内容も面白いので3000部くらいは刷れる見込みがありました。

　それでどうせなら、本のカバーイラストと挿絵を、さくらももこさんに描いてもらえないかと考え、お願いにうかがいました。すると、さくらさんは、「自費出版だし、いいですよ」と快諾してくださり、破格のギャランティでイラストを描いてくれました。

　事態が急転したのは、その後です。刊行の準備が整い、書店に注文書を送ったところ、全国の書店から予約注文が殺到。当初予定していた発行部数を大きく上回り、初版は2万5000部、最終的には7万部近くも爆売れしてしまいました。

　さらにそのとき、出版の基本も常識も知らなかった私は、書籍の中に引用という形で掲載した「ちびまる子ちゃん」のイラストを無断で書店販促用のPOPに使ってしまいました。

　後日、さくらプロダクションから抗議の電話がかかってきました。無断使用をしたPOPはすぐに回収し、謝罪をしましたが、怒りは収まりません。おそらく、自費出版という話だったため協力をしたのに、書店の展開を見ると完全に商業出版ではないか。騙されたと思ったのでしょう。

　ただ、我々は本当に騙すつもりはありませんでした。あまりにも無知すぎたのです。

　私はそれが初めてきちんと編集を担当した本でした。編集も印刷も著作権についても知識がなく、それについて教えられる人も周りにいなかった。あまりの売れ行きにただただ驚くことしかできず、社長は増刷分の印刷費を工面するために資金調達に奔走しているような状況でした。

　それから私と社長は謝罪をするため、何度もさくらプロダクションに足を運びました。本当に自費出版だったこと、当初は数千部の予定だったが書店から予想を超えた注文が入ったこと、売れ行きについてはこちらではコントロールできないこと、結果的に騙すような形になってしまい申し訳なく思っていることなどを、繰り返し説明しました。

しかしプロダクション側は、頑として謝罪を受け入れてはくれませんでした。ＰＯＰを回収し、印税を支払う旨も伝えましたが、「そういうことではない」と許してくれません。「では、どうすればいいでしょうか？」と聞いても、「**そちらで考えてください**」の一点張りです。結局、妥協点を見出すことができず、話は平行線のまま終わってしまいました。

もしも今、同じような出来事が起こったのなら、私は「自費出版には変わりありませんが、注文が殺到したのでご相談が……」と、書籍が売れる前に先方に相談に行くと思います。そのうえでギャランティを増やすとか、印税契約に切り替えるとか、色々な対応ができたはずです。

ただ、当時は本当に何も知らず、**相手の怒りを鎮めたいとばかり思っていました。**

そのせいで結局、プロダクション側とは和解できずに、苦い思い出として残ることになりました。この「特大級の怒られ」から、私の編集者人生はスタートしたのです。

謝罪は、社会について理解を深める絶好の機会

昔の私がそうであったように、謝罪しなければならないケースの多くは、自分の〝**無知**〟に原因があります。単純に礼儀や社会常識が欠けている場合もあれば、相手の事情や人間関係に無関心で意図せず傷つけてしまうこともある。

逆に言うと、**知識や配慮できるポイントが増えれば、謝らなければならないことも自然と減っていきます**。それを誰よりもわかりやすく教えてくれるのは、あなたに怒りをぶつけてくるその人です。

怒りは、ある意味偽りのないピュアな感情で、その人の本音や欲望がむき出しになる。私も色々怒られてきましたが、「こんなことで怒るのか」とびっくりしたり、「なるほどそういう事情があったのか」と納得したり、怒られる度に色々な発見がありま

した。そう考えると、**謝罪の場面は、人間の心理や社会について理解を深められる絶好の機会でもある**わけです。

これもまだ20代で、裏社会の取材を始めたばかりの頃の話です。あるとき飲み会の場で出会った人と連絡先を交換しただけで、知り合いのヤクザからめちゃくちゃ怒られたことがありました。

裏社会の取材は信用第一なので、知り合いを通じて取材相手を紹介してもらうことが多くあります。そのときも知り合いのヤクザの紹介で、とある会合に参加させてもらい、そこにいた人たちと連絡先を交換しました。

飲み会の場で名刺交換するのは表社会でもよくあることで、「何がダメなの？」と思うかもしれません。でも裏社会では、これは「頭越え」と言って、絶対にやってはいけない行為です。もしも紹介者の与《あずか》り知らぬところで結託して危ないビジネスを始めたり、犯罪行為をしたりして捕まったときに、自分と相手をつなげた紹介者もグループの一味と判断され、逮捕されるリスクが高まるためです。

そのため紹介された人と個別に連絡を取り合う場合は、必ず事前に「××さんと連絡先を交換してもよろしいですか」と紹介者に確認を取るのが裏社会での常識でした。しかし駆け出しだった私は、そんな掟があることなど露ほども知りません。

自分が何かやばいことをやらかしたことはわかったので、ひとまずヤクザに謝りましたが、一方でなぜそれがだめなのか納得がいかなかった。そこで「なぜ連絡先を交換してはいけないんですか?」と率直に疑問をぶつけ、相手の話を聞いて、ようやく事情を理解することができました。

おかげで私は一般社会と同じようなルールで考えていては、裏社会では通用しないことに気づくことができました。**もしもそのとき相手が怒ってくれなかったら、後々もっと大きなトラブルに巻き込まれていたでしょう。**

相手の怒りを鎮めるためにただ謝るのではなく、「なぜ怒っているのですか?」と一歩踏み込んで理由を聞くことが大事です。そこで得た知識や経験が、後の自分を守る術にもなります。

時には金で解決するのもアリ

繰り返しますが、自分の無知や過失で相手を傷つけてしまったときは、誠心誠意謝ることが大切です。ただ現実には「知りませんでした」「申し訳ありませんでした」だけでは済まないケースもあります。特にビジネスで実害が生じたときは、真心を尽くすよりも金を払って解決したほうがいいこともあります。

第2章で怒られた話を紹介した『ルポ西成』ですが、もう1つこんなトラブルがありました。

本書には、「西成の案内人」としてサカモトという人物が登場します。実際に著者が西成を案内してもらった人で、全5章のうち丸々1章登場する重要な人物です。サカモトさんは取材にとても協力的で、「自分のこと書いていいよ」「写真も載っけていいよ」と言ってくださいました。おかげでとてもスムーズに取材を進められたのですが、本の発売後に、そのサカモトさんから抗議の電話がかかってきたのです。

「ここに写ってるの、俺だ。この写真は掲載していいなんて言ってない」

サカモトさんが指摘してきたのは、本の冒頭に掲載した西成の街路を撮った写真でした。よく見ると、夜道を歩いている後ろ姿の人物が写っており、たしかにサカモトさんのようでした。

著者に確認したところ、サカモトさんが言うように、この写真については掲載許可をもらっていなかったようです。その時点で著者はサカモトさんにめちゃめちゃ怒られていて、どう対処すればいいのかわからない様子でした。

正直、これは微妙だなと思いました。ほかの写真はよくて、この写真がだめな理由が判然としなかったためです。ただ、このときはサカモトさんとよく話したうえで、モデル料をお支払いすることにしました。

こちらが「写真撮ってもいいって言いましたよね」と主張すれば、突っぱねることもできたでしょう。ただ一方で、掲載許可を取っていなかったのは本当のことですし、サカモトさんも不当に金を巻き上げてやろうという意図があったわけではありません。何より、サカモトさんの協力があったからこそ、この本ができたのは間違いないのです。

その後、サカモトさんは丸山ゴンザレスとやっているユーチューブ番組の取材にも協力してくれています。また、モデル料をお支払いするときに念書を書いてもらったことで、『ルポ西成』を文庫化するときも問題なく写真を使うことができました。**適正な対価や賠償金は、良好な人間関係を続けていくうえで、時に必要になる**ことも確かです。

謝意は主観で、実害は客観で話す

問題なのは、相手から脅迫されたときです。

たとえば私の場合、記事や本を読んだ裏社会の人間から、「お前のせいで決まっていた仕事が飛んだじゃねぇか」とか「記事が出たことで組織にいられなくなった、どうしてくれんだ」といったクレームの電話を受けることが少なくありません。

こうした脅迫めいたクレームを受けたときは、基本的に**わからないことには応じないこと**です。その時点では相手が一方的に言っているだけで裏が取れない。「１００

0万の仕事が飛んだ」と言われても、額を盛っているかもしれないし、そもそんな仕事自体ないかもしれない。従って、その場で相手の要求に安易に応じてはいけません。

私なら、ひとまず相手をクールダウンさせるために「迷惑をかけてしまったのなら申し訳ないです」と謝ります。ただ、これはあくまで相手の感情を鎮めるためです。そこから「**失礼ですが、あなたが訴えていることが本当かどうか確かめさせてください**」とひとつひとつ事実確認をしていきます。

相手は「てめえ、俺のこと疑ってんのか」と詰めてきますが、「そうではなく、本当に実害を与えてしまったのなら謝罪したい。でも現時点では証拠がないので対応の仕様がないんです。だから客観的な証拠を示してもらえませんか」とお願いを繰り返します（ほとんどの場合そんな証拠はありませんが……）。

謝罪するときに最も注意しなければならないのは、相手に主従関係を強いられ、一方的に要求を飲まざるを得ない状況に追い込まれてしまうことです。

相手に不快な思いをさせたのなら、それについては謝らなければなりません。しかしそれはあくまで心情面での話です。たとえこちらに非があっても、法外な金を要求していい理由にはなりません。あくまで正常な範囲で、こちらの要望も伝えながら適正なリカバリーの方法を探るべきです。**相手の怒りの感情には謝意で、実害に対してはエビデンスでと、切り分けて対応していく**必要があります。

会社に乗り込んできた男・オダカの話

電話やメールで脅迫されるだけでなく、怒った相手が実際に会社に乗り込んできたこともあります。

ある日会社に、1本のクレーム電話がかかってきました。「俺はオダカってもんだ！」と名乗るその男は、「お前の会社が出した本のせいで傷つけられた！　責任を取れ！」と訴えてきました。

彩図社では、２０１０年に『毒のいきもの』という世界の猛毒生物をイラストとユーモアを交えた文章で紹介する本を出しました。その中に「まるでキャバ嬢みたいな生態だ」と解説している部分があるのですが、どうやらオダカはその表現にむかついたようです。

「あのな、俺の女はキャバ嬢なんだよ。俺の女、馬鹿にしてんのかコラ。これって職業差別だよな？」と言いがかりをつけてきました。

正直「この人は何を言ってるんだろう」と思いましたが、無視するわけにもいきません。私は「そんな意図は全くありません」と丁寧に説明をしました。しかしオダカの怒りは収まりません。「納得いかねぇよ！　今から会社に行くから待ってろコラ！」と声を荒らげます。「今どこにいるんですか？」と聞くと、「もう電車に乗って会社に向かっている」と言います。音声に耳を澄ますと、たしかに電車のレール音やアナウンス音が聞こえてくる。「あ、これは本当に来るな」と思いました。

「あと20〜30分で着く」ということだったので、私は一旦電話を切って対策を練ることにしました。

こんなことで実際に会社に乗り込んでくるのは、ある意味クレイジーです。「話が通じない相手かもしれない」と覚悟しました。さすがにチャカは持ってこないだろうけど、ナイフで刺されたり、ガソリンをまいて火をつけられたりする可能性はある。そこでほかの社員には「男がきたら俺が対応するから、何かあったら逃げて警察を呼ぶなりしてくれ」と頼み、念のため非常階段のほうに避難させました。

当時、会社は雑居ビルの3階にあり、来るのであればエレベーターに乗ってくるはずです。一体どんなやつがくるのだろう。私は半ばワクワクしながら、エレベーターの前で男を待っていました。

すると背後から急に「ドンドンドンドンドンッ！」とドアを叩く音が聞こえました。オダカはなぜか非常階段を駆け上がってきたのです。「何で⁉」と思いましたが、危険を避けるため急いで社員をエレベーターのほうに避難させて、私は非常階段のドアを開けました。

目の前には、20代後半ぐらいの金髪をしたチンピラ風の男が立っていました。男は入ってくるなり、いきなり叫びました。

「**オダカが来たぞーー‼**」

その時点で「何で名前を叫ぶの？」と私は面白くなってしまったのですが、オダカは真剣です。言いたいことがあってせっかく来てもらったのだから、話ぐらいは聞かないと失礼だと思い直し、「どうぞこちらに」と迎え入れました。

当時、非常階段は全く使われておらず、消防法的にあまりよくないことですが、ドアの脇には仮眠用のベッドや大量の用紙が積まれていました。そのため通路の幅がとても狭かったのですが、オダカは気にせずオラオラ歩くので、肘がベッドの上に積んでいた用紙に当たり崩れ落ちてしまいました。するとオダカは「何でこんなところに紙を置いてんだよッ‼」といきなりキレてきました。

「いやいや、おかしいでしょ。あなたが落としたんだから拾ってくださいよ」

私は冷静にオダカをたしなめました。

「ちゃんと紙を戻したら話をしましょう」

そう言うと、オダカは「なにっ⁉」と威圧しながらも紙を拾って戻していました。

それからオダカを応接室に通して向かい合って話したのですが、席についた時点でしゅんと小さくなっているのがわかりました。一応「どこが問題だと思いましたか？」と話は聞いたのですが、オダカに電話のような勢いはありません。そこで「こちらには表現の自由もあるし、決してキャバ嬢を馬鹿にしているわけではないんです。ユーモアで書いているだけなので、あなたに責められる筋合いもないと思います」ということを丁寧に伝えました。

するとオダカは「そうですね」とあっさり引き下がりました。そして「草下さんを見た瞬間、こりゃ無理だなってわかりました」と白旗を上げたのです。

よくよく話を聞いてみると、オダカは本に書かれている内容にクレームをつけて色んな出版社を恐喝していたようです。驚くべきことに、実際に金を出した出版社もあったのだとか。オダカは高校卒業後、美容師になりたくてニューヨークにあるヴィダルサスーンの美容室に行ったはいいものの、結局雇ってもらえず、帰国した後は無職で金に困っていたそうです。それで出版社にクレームを入れたらたまたま金が手に入った。それ以来、こうした脅迫行為を繰り返しているということでした。

「いやそれは犯罪だからやっちゃだめだよ、やめなよ」

私がたしなめると、オダカはさらにしゅんとなっていました。私は何だかいたたまれない気持ちになってきました。

「オダカくん、お腹減ってるの？」

「はい」

「飯、食いに行く？」

「はい！」

というわけで、最後は2人で飯を食って、この騒動は幕引きとなりました。

謝っているときも「ダメなものはダメ」と言う

ちょっとオモシロ話になってしまいましたが、実はこの騒動にも、謝るときに守るべきポイントが詰まっています。

クレームが入ったり、怒られたりしたときは、とりあえず謝っておくという人も多いと思います。繰り返しになりますが、相手が気分を害していることは事実なので、最初にクッション言葉的に謝るのはアリです。ただ、相手を「いい気分」にさせるために謝るわけではありません。気分を害さないことばかりに気を取られると、相手の術中に自らはまってしまいます。

先ほどのオダカの件で言うと、オダカに「落とした紙を拾わせる」のは絶対に譲れないポイントでした。なぜかというと、**「いくら怒っても無理なものは無理」であることをわからせるためです。**

謝っているときは心理的に劣勢に立たされるため、つい相手の理不尽な要求や行いを受け入れてしまいがちです。たとえば机を叩いたり、書類をばらまいたり、椅子を蹴飛ばしたりと、脅迫してくる相手ほどそうした〝演出〟を入れてきます。雰囲気に飲まれてこうした横暴を受け入れてしまうと、相手からは「こいつは押せば要求を飲むな」と思われてしまうわけです。

そのためこちらに非がある場合でも、**問題に直接関係ないことで責められたときは、ひとつひとつ訂正したり注意したりすることが大切**です。「書類を片付けてください」「椅子を蹴らないでください」と当たり前のことを冷静に伝えるだけで、「こいつに無理は通らないな」と思わせることができます。

それからもう1つのポイントは、**「傷つけられた」という訴えには金を払ってはい**

けないということです。

これまでにも説明した感情と利害の座標軸で言うと、相手はこちらの感情に訴えることで利益を得ようとしてきます。これは被害者の立場を装って加害行為をしてくる、ある種の〝弱者マウンティング〟です。罪悪感がある分、無碍には断りにくいところがたちが悪い。

しかし相手がどれだけ傷ついたのかという「程度」は、立証の仕様がありません。10万円払えば納得する場合もあれば、1000万円でも足りないことだってあり得る。客観的には判断できないため、結局は相手の言い値になってしまいます。

従って、定性的、感情的な被害に対しては、金銭で解決を図るのは適切ではありません。それで相手が不服に思う場合は、それこそ司法の場で第三者に判断してもらえばいいのです。

被害と謝罪のレベルはイコールにする

程度の問題についてもう少し言及すると、相手と対等な関係を継続したいのであれば、**被害と謝罪のレベルはイコールであることが望ましいです。**

たとえば、「メールで相手の名前を間違えた」といったレベル1の被害を与えてしまった場合は、「すみませんでした」とレベル1の謝罪をすればいい。掲載物に誤字があったら訂正表を入れるくらいでいいし、仕事でトラブって損害を与えてしまったら、リカバリーに要した実費を支払えば済む話です。

しかし場数を踏んでいないと、**小さな過失を自分から大事《おおごと》にしてしまいかねません。**些細なミスでも誠心誠意謝ると言うと聞こえはいいのですが、過剰に謝るのはむしろ新たなトラブルの火種となります。いきなり「大変申し訳ございません、全て私の責任です」と平身低頭で謝罪してしまうと、相手のほうが恐縮してしまったり、実際の被害のレベルよりも重大なことのように思えてきたりして、本来であれば支払う必要のない金や時間を支払うことにもなりかねないのです。

また、相手に悪意がある場合、過剰に謝ると「大変申し訳ありませんって何が申し訳ないんだコラ」と付け込む隙を与えてしまいます。本当はレベル1の被害でしかないのに、さも重大な被害があったように思い込まされてしまう。一度そうした関係性を作られると、そこから抜け出すのは容易ではありません。

トラブルの程度を正確に判断するためには、やはり相手の話をよく聞くことです。対話を通じて、知識や経験を蓄えることが大切です。

新聞拡張員からクレームが入った話

クレームの謝罪対応について、もう1つエピソードをご紹介しましょう。

2004年に私が著者として出版した『裏のハローワーク』という本があります。マグロ漁船乗組員、治験バイト、示談屋、闇金業者、臓器ブローカーまで、「危ない」「裏がある」様々な仕事に密着して経験者のインタビューをまとめた本なのですが、そのひとつで「新聞拡張員」を取り上げました。

新聞拡張員は、住宅を訪問して「新聞取りませんか」と購読の勧誘をする人です。ただ新聞社や新聞販売店とは組織が異なり、一部ですがヤクザや反社と関係があるところもあります。で、書籍では、新聞拡張員の組織体系や報酬、訪問販売の手口などをインタビューで聞いているのですが、その中で「ある新聞拡張員が訪問先で女性と関係をもってしまった」というエピソードを書きました。

すると後日、新聞拡張員を名乗る男から「こんなことは絶対にない！」と抗議の電話がありました。男はものすごい剣幕で、「記事を取り下げろ！」と1時間近くは怒鳴りっぱなしだったと思います。

一方で、私が聞いた話も事実で、実際に働いている人物に取材をして書いたものです。記事を削除することはできないし、内容を訂正するのも違うと思いました。そこで電話では、「不快な思いをさせてしまって申し訳ありません。もちろん全ての新聞拡張員の方がそうしたことをしているわけではないし、あなたも違うと思います。ただ、私も取材に基づいて書いたものなので、記事の削除や訂正といったことはできません」とはっきり伝えました。

しかし男は全く許してくれる気配がありません。そのときは金銭も要求されなかったので、単純に頭にきていたのでしょう。恐らくスキャンダラスなエピソードを読んで、自分の職業が差別されたと感じたのではないでしょうか。ただ、そうだとしても「さらうぞ」とか「どうなっても知らねぇからな」みたいな口汚い言葉で恫喝してきたので、私もだんだんと腹が立ってきて「絶対に要求は飲まないぞ」と腹を決めました。

その後も延々と話は平行線を辿り、数時間近く話したでしょうか。最後は「記事は削除も訂正もしない。ただし重版時に謝罪文を掲載する」ということで手打ちになりました。

ここでの謝罪のポイントは、**内容ではなく、記事を掲載したことで相手に与えた心理的被害についてのみ謝った**という点です。読者から抗議を受けたことと、記述によって不快な思いをさせてしまったことはどちらも間違いありません。

そのため謝罪文には「本書を読まれた拡張員の方から抗議を受けました。誤解を与えるような記述があったことをお詫び申し上げます」とだけ書きました。内容に虚偽があれば訂正しなければなりませんが、嘘を書いていないのに圧力に負けて文章を撤回することはできません。そのため本文は修正しませんでした。

謝罪には「生き方のスタンス」が表れる

謝罪の場面では、自分の生き方のスタンス、「**自分が何をいちばん守りたいのか**」ということが、まざまざと浮き彫りになります。

先ほどのクレーム対応の件でも書きましたが、私は理不尽な要求や圧力に屈したくないという思いが強い。そして物書きとして事実をありのままに知りたい、伝えたいという気持ちも強い。だから、それらを曲げてまで謝ろうとは思いません。

逆に、自分の立場や財産、あるいは家族や友人を守るためだったら、信念やプライドなんてどうでもいいと考える人もいるでしょう。それはそれでいいと思います。心の中で笑いながら謝れる人は強いです。たとえばヤクザでも、親分に心底惚れて、どんな理不尽な命令にも従い、躊躇《ちゅうちょ》なく身を捧げられる人もいます。それは服従や支配というより、親分に自分の命を懸けるという信念に基づいた行動です。だから一貫性があるんですね。

問題なのは、謝罪のスタンスがぶれる人。特に、**相手の立場や力関係によって自分の出方を変える人は痛い目を見ることが多い**です。

謝罪は道理に基づいて行うべきであって、相手によって謝ったり謝らなかったりするべきではありません。相手が弱い立場だと思って力で潰しにかかると、裏から自分よりも強い人が出てきて食われてしまうこともある。力で押し切ろうとすれば、相手も力で押し切ろうとしてくるのは当然です。もはや道理の問題ではなく、「どちらの立場が上か」「どちらが金を持っているか」といったパワーゲームになってしまいます。

逆に道理に基づいていれば、相手が誰であろうと関係ありません。謝るべきものは謝るし、謝らなくてよいものは謝らない。相手が変わっても言うことは一貫しているので、発言の内容にも説得力があります。

相手に怯えず、舐めもせず、自分が守るべきもののために謝る。こうした意識を持つことも、相手と対等な関係性を継続するためには大切です。

トラブルは自分では解決できないし、相手に許してもらおうとも思わない

謝罪に臨むときの意識の問題について、さらに深掘りして考えてみましょう。

皆さんは相手に謝るとき、頭の中でどんなことを考えているでしょうか。「うまく事を収められるだろうか」「相手に許してもらえるだろうか」。そうした不安を抱えながら謝罪の場に向かう人が多いかもしれません。それは心情的にはよくわかります。

ただ、否定するわけではありませんが、私は「トラブルを解決したい」「許してもらいたい」と思って謝罪することはありません。なぜかというと、どちらも自分ではコントロールできないことだからです。

少し視点を変えて考えてみましょう。謝罪しなければならないときに不安に駆られ

るのはなぜでしょうか。**相手がどんな態度や行動を取るのか、予想できないからではないでしょうか**。わからないから不安や恐怖が増幅されてしまう。

これを克服するためには、**トラブルを解決しようと思わない**ことです。そして**相手に許してもらおうとも思わない**。二律背反のようにも聞こえますが、この意識は謝罪をするうえで非常に重要だと思います。

そもそもトラブルを解決するためには相手の合意が必要で、自分の一存では解決できません。また、相手が自分を許すかどうかも相手次第です。つまりどちらも自分にはコントロールできないことなので、深く考えても意味がないわけです。

それにもかかわらず「問題を解決したい」「許してもらいたい」と強く思うのは、別の見方をすれば、**相手の意思や行動を恣意的《しい》に変容しようとしている**とも捉えられます。

たとえば、自分が嫌なことをされて怒ったとき、相手から「ごめん、許して」と軽く言われて余計に腹が立ったという経験はないでしょうか。なぜむかつくのかというと、こちらの感情に向き合わず自分の都合を優先している態度が言葉から透けて見えるからでしょう。

また、謝罪の場に菓子折りを持っていくことはビジネスではよくあることですが、それも自分が許してもらうためではなく、相手に敬意を示すために行うことです。

つまり相手の怒りを鎮めようとするのも、自分を許してほしいと思うのも、どちらも相手のためではなく自己保身でしかない。厳しい言い方になりますが、それでは謝罪になっていないのです。

問題の解決とは、個人が実現するものではなく、条件が整った局面で起こる〝現象〟だと私は考えています。ほとんどの問題は不確定な要素が複雑に絡まり合っていて、その全ての流れを自分で操作するのは土台無理な話です。まずは自分でコントロールできることと、できないことをしっかりと区別する必要があります。

自分にできることは、相手の話をよく聞くこと、そして自分の考えを率直に伝えることの2つだけです。相手の話の理解に意識を向けることで、謝罪一辺倒にならずに会話も成立しやすくなります。その中で本当に自分が悪いと思うことがあれば、そのときに謝ればいい。そして「自分が責任を取るべきことは取る」「最後まで問題に付き合い続ける」という態度を示す。これが〝結果的に〟トラブル解決の糸口となります。

「怒羅権」の初代総長に会いに行った話

半グレ組織「怒羅権《ドラゴン》」の創設期メンバーだった汪楠《ワンナン》さんが書いた『怒羅権と私』を編集したときは、怒羅権の初代総長の佐々木秀夫さんからクレームが入りました。

書籍には、汪さんの半生と組織の内情が書かれています。それに対して、怒羅権初代総長の佐々木さんが自身のユーチューブ番組で、「書かれている内容が事実と異なっている。汪は初代メンバーでも何でもない」と批判したのです。

その後、その動画を見た佐々木さんに近しい女性から、彩図社に「デタラメを書くな」とクレームの電話がありました。怒羅権は最盛期には数千人のメンバーがおり、関係者によって色々な意見があることは確かです。ただ、私は汪さんと何度も直接話をして、「この人は嘘を言っていない」と信じていました。そこで事情を説明して

「嘘の情報を掲載したつもりはありません」と丁寧に伝えました。

するると、女性から思わぬ提案がありました。

「そこまで言うなら、佐々木さんと直接会って話してみるか」と言うのです。

そこで私は女性から連絡先を教えてもらい、佐々木さんが常連として通っている飲食店を訪ね、直接会って話をすることになりました。

当日、指定された店に入ると、佐々木さんのほかに怒羅権のメンバーやマネージャーが待っていました。店内の空気はピリついていて、「話の流れによっては骨の1、2本は折られるかもな」と覚悟しました。

けれども担当編集者として、「書籍の内容は嘘だ」と棄損されていることは見過ごせません。それに実際のところはどうなのか知りたいという好奇心もありました。ただ「すみませんでした」と謝って帰るわけにはいかないのです。

私はこちらから釈明はせず、「佐々木さんの話を聞かせてほしい」とお願いしました。

「私は怒羅権の内情をよく知りません。汪さんの話しか聞いていないのでわからないこともたくさんあります。だから佐々木さんの話を聞かせてもらえませんか。そうしないと、自分も何も言えないんです」

佐々木さんはじっと私の目を見て話してくれました。最初は怖ろしい人だと思っていましたが、話しているうちに純粋な心を持った人だとわかりました。佐々木さんの生い立ちや怒羅権との関係、汪さんに対する思いなどを聞かせてもらい、私は佐々木さんのことが人間的に好きになっていました。

その気持ちが通じたのでしょうか、最後には佐々木さんから信頼されて、「今度自分のユーチューブチャンネルを手伝ってくれないか」と誘われるまでになりました。怒られるために店に向かったのに実に不思議な展開になりました。

佐々木さんと会って話をすることになったとき、**私はその場で「どちらが正しいか」という結論を出そうとは考えていませんでした**。私は本に嘘を書いたと思っていない。でもその内容が事実かどうかはわからない。わからないままだったら結論の出しようもない。だから「謝りに行った」というよりも、「わからないことを佐々木さんに聞くために会いに行った」という感覚のほうが近いです。

この意識の差で、出てくる言葉も変わってくると思います。「自分を許してほしい」「立場をわかってほしい」という気持ちが前に出過ぎると、「いや違うんです」「それはこういう事情があって」と、相手の意見を否定する言葉しか出てこなくなってしまいます。

もちろん、明らかな誤解がある場合は「それは違いますよ」と正さなければなりません。しかしそうでない限りは、自分の事情を話すことではなく、相手の話を聞くことに終始します。

すると相手からは「**こいつは自分の話を聞く気があるな**」と思われます。これがすごく大事で、「話を聞かない」「自分の話しかしない」と感じれば、相手は余計に苛立ってしまうでしょう。逆に保身のためではなく、「自分の話を聞きにきているな」と伝われば、わざわざ暴力に訴える必要もなく対話で済ませようと思うのが道理です。

そして話をよく聞くほど、相手の事情や立場が明確になってきます。そのうえで問題の原因は何か、解決するために何をすればいいのかということを、相手と考えていく。自分ひとりで解決しようと考えないことです。

謝罪は勝ち負けではなく、相手との協同作業

たとえば、仕事で上司からミスを責められたときも、「次頑張ります」などその場しのぎの色よい返事でごまかしていては根本的な解決は期待できません。

まずは「自分もミスは繰り返したくない、だから努力する」という気持ちを伝える。そのうえで「**ただ自分は未熟なので、ミスを繰り返してしまうかもしれない。だから今後ミスを犯さないような仕組みを一緒に考えていただけませんか**」とお願いすることです。つまり、個人の責任でできることと、できないことを切り分けて考えることが大切です。

また、トラブルを大きくしないためには、〝**手前**〟で訂正することも必要です。後々になって「先ほどの話ですけど」と蒸し返すのがいちばんよくありません。「さっきは頷いていたじゃないか！」と水掛け論になりやすい。そのため私は、問題が起こりそうなときや起こった瞬間に、その都度「それは違うんですよ、誤解ですよ」と訂正を入れます。

ただ、**訂正するときもあくまで「お互いのために」という気持ちを持つことが重要です**。「それは違う！」と強弁すれば、相手も「何だ？」と強く反発して問題が収束していきません。「それは違うんですよ」「そういうことを言うのはよくないですよ」と柔らかく繰り返し伝えていくことが肝心です。

謝罪の場面は、得てして「自分と相手のどちらが悪いのか」という押し合い相撲になりやすいものです。しかし**謝罪の本質は、相手と協力して問題を解決することにある**と私は思います。作業量や費用負担は考えなければなりませんが、押し引きだけでは問題は解決しません。自分が責任を負えること、果たせる役割を自覚したうえで、お互いのために問題解決に向けて話し合う。それが結果的に、いちばんよい謝罪に結びつくのだと思います。

第5章

炎上の傾向と対策

利害ではなく感情によって判断される

第5章は「炎上」についてです。

炎上も怒りによる現象の一種に違いありませんが、これまでと異なるのは、**顔も名前もわからない不特定多数が相手**だということでしょう。

炎上による「怒られ」を考えるためには、まずその構造について理解する必要があります。

そもそも炎上とは「特定の対象（人物や企業など）に対して批判や誹謗中傷が殺到して収拾がつかなくなる状態」を指します。国内で発生するようになったのは、ブログが一般に認知され始めた2004年頃からとされ、その発生件数は06年に41件だったのが、21年には1766件と約43倍まで増えています（山口真一『炎上とクチコミの経済学』朝日新聞出版／シエンプレ デジタル・クライシス総合研究所「デジタル・クライシス白書2022」より）。

特に発生件数が急増したのが、2011年です。この年は、3月に起こった東日本大震災を契機として、ツイッターが電話やメールに代わる第3の連絡手段として社会的な注目を集めました。これを境に、情報を大多数の人に瞬時に拡散できるSNSが普及したことで、失言や不適切な行いがネット上で燃え広がりやすくなったことは指摘できるでしょう。

また、「デジタル・クライシス白書2022」によると、21年の炎上事案で最も多い理由は「非常識な発言・行為、デリカシーのない内容・発言・行為」で全体の37・1％、次いで「特定の層を不快にさせるような内容・発言・行為」が35・4％となっており、この2つだけで70％以上を占めます。

注目したいのは、「非常識」「デリカシーがない」「不快」といったワードです。これらは全て、**利害ではなく感情**（主観）によって判断されること。つまり炎上は、大衆の感情的な怒りによって引き起こされるものであるとわかります。

私もツイッターをやっていますが、実際にネット上には怒りや怨嗟の声が溢れています。丸山ゴンザレスと共同制作している「裏社会ジャーニー」というユーチューブ番組では、裏社会の人々をゲストに招くことが多くありますが、「犯罪者は死ね」「一生刑務所に入ってろ」といった誹謗中傷を平気でしてくる人もいる。それでコメント欄が炎上することも度々あります。そういうものにひとつひとつまともに反応していたら、こちらの身がもちません。だから大抵は「怒られ案件」として無視しています。

炎上とは「大喜利」である

一方、燃やしている側が何を考えているのかというと、正直、一種のエンタメとして楽しんでいるケースがほとんどではないでしょうか。炎上させることで差別や偏見、企業の不正などを弾劾するという側面がないわけではありません。しかし法ではなく、SNS上の「数の力」を動員して正義を執行することには相当な危うさがあります。

たとえば、侮辱罪厳罰化の端緒ともなった木村花さんの事件では、番組上の演出を木村さんの故意によるものと視聴者が勘違いしたことで、大量の誹謗中傷コメントが送られる事態に発展しました。もちろん番組側にも落ち度はありますが、こうした誤解やデマに扇動され、無実の人が社会的に抹殺されるといった例は少なくありません。

炎上に加担している人々の多くは、切り抜かれたコメントや動画に対して反射的に反応しているだけです。物事の因果や文脈、ファクトが検証されることはほぼありません。それをやる意味がない、つまり**当事者性がない**からです。

当事者性とは、言い換えれば関係性の有無です。問題になっている出来事や人物と直接関わりのある人は、相手をボコボコに叩いて「あーすっきりした、おしまい」というわけにはいきません。その後も加害や被害と向き合い続けなければならないわけで、再発を防ぐために本人や関係者から事情を聞いたり、原因を調査したりと、様々な要素や可能性を考えて言葉を選ばなければならない。

一方、そうした生の関係性を持たない人々は、タイムラインに流れてきた言葉に対して感情の赴くままにコメントしても何ら問題がない。自分は不利益を被らないだけでなく、相手に落ち度がある場合は、**〝絶対にマウントが取れるボーナスタイム〟**と化すわけです。

また、炎上の「燃え広がりやすさ」には、ＳＮＳのコメント機能も強く影響していると思います。ツイッターもユーチューブもヤフコメも、コメントに対するグッド（いいね）ボタンがあり、評価数を誰でも確認できるほか、評価が高いコメントほど上位に表示される仕様になっています。この構造は、まさに「**大喜利**」です。

より多くの共感を集めるコメントをした人ほど、たくさんのグッドがもらえる。となれば、注目を集めるために過激な発言をしたり、一方的に論破したりするようなコメントが増えることは自明でしょう。自己承認欲求を刺激してコメントの評価数を競わせるようなＳＮＳの構造は、人々の感情を煽って火の勢いを増幅させる装置にもなっていると感じます。

真逆の理由で同時に怒られたユーチューブ番組

実際に、私の身近で炎上したケースをいくつかご紹介しましょう。

以前、「裏社会ジャーニー」で、網走刑務所に勤めていた元刑務官の方をゲストに招いたときのことです。

番組では、被収容者との会話や食事の内容、アニメの影響で観光地化している話などを伺ったのですが、身バレを防ぐために元刑務官の方の顔や名前は隠し、声も変えて出てもらいました。というのも、刑務官には国家公務員法第100条により退職後であっても守秘義務が課せられているからです。違反した場合は、刑事罰（1年以下の懲役又は50万円以下の罰金）の対象となります。もちろん、防犯や警備に関する秘密は一切口外していませんが、念のため素性がばれないように個人情報は全てシークレットにしました。

ところが個人情報を隠したことで、番組のコメント欄には「**絶対偽物**」「**話に信憑性がない**」「**本当は刑務官じゃなくて被収容者だろ**」といった批判のコメントが集まり、プチ炎上状態になりました。

自分も丸山ゴンザレスも調査報道に関わってきた人間なので、フェイク動画を作ることなど絶対しないし、裏が取れないこともやりません。やらせもドッキリも嫌いです。しかしユーチューブの世界では、再生数を稼ぐためにそういった仕込みが常態化しているため、「**顔も名前も出せないのは偽物だからだ**」と一方的に解釈され、フェイクだと断定されてしまったわけです。

ところがこれには裏話があります。実は番組放送後に出演者が身バレしてしまったのです。コメント欄が炎上しているまさにそのとき、出演者の元上司から電話がかかってきて、「守秘義務違反の可能性がある」と怒られている最中でした。

こちらは守秘義務違反にならないように、次に公開予定の動画の内容をチェックしてもらっているのに、ネット上では偽物と叩かれている。一方では「見せすぎ」と怒れ、もう一方では「隠している」と怒られているわけです。何だかめちゃくちゃシュールな状況というか、**リアルとネットでは、かくも認識にズレが生じる**のかということを実感した体験でした。

ヤクザとヤクザの板挟みになって炎上

私個人が炎上に巻き込まれ、誹謗中傷のターゲットにされたケースもあります。

以前、私が取材をした人物の中に大物ヤクザがいました。その人は偽名を用いてツイッター上でアカウントを持ち、敵対組織を猛烈に批判していた。その内容はかなり過激で、攻撃的な言葉で相手をこき下ろしたり、敵対組織の主要人物の個人情報を晒していたりしたため、アンチも存在していました。

正体を明かしていないこともあり、「本当の暴力団の幹部がこんな浅はかなことをするはずがない」「そもそもヤクザですらない」という批判を受けていました。

私自身も最初は懐疑的だったのですが、実際にその人物と会う機会がありました。本人はSNS上での印象とは異なり、普通に落ち着いて話のできる方でした。そのときは「ツイッターの使い方は難しい」とおっしゃっていたので、いくつかコツのようなものを伝えたことを覚えています。

ただ、実際に会ったからといって、その人物が「暴力団に所属している」という確証が得られたわけではありません。誰かが絵を描いて私を信じ込ませようとしている可能性は否定できないからです。

そこで後日、私は組織のことを調べ、彼の顔写真を探しました。結果は、見事にヒット。出てきた顔写真と本人の顔が一致したため、「現役のヤクザで間違いなかった」とツイートしました。

大変な状況に陥ったのはその後です。**私が「本物認定」をしたことで、今までその人物を偽物だと批判していたアンチが、一斉に攻撃の矛先を私に向けてきたのです。**

アンチの批判の大半は、「どうして本物だとわかるのか証明しろ」というものでした。それを知りたい気持ちはわかります。ただ、事態は既に組織対組織の様相を呈しており、公にできない情報がたくさんあった。私が不用意に発言をすることで、最悪の事態も想定できる。そう思ったため、当初は何を言われても沈黙を貫いていました。

しかし炎上は一向に収まる気配を見せません。むしろ状況は悪化していき、私個人への人格攻撃や誹謗中傷が増えていきました。たとえば、私がその人物とは全く関係のない話題でツイートしても、「またシャブ中がこんなこと書いてるぞ」みたいなコメントを添えて引用リツイートをされる。また、タイムラインで知人とやり取りしていると、突然「お前は草下の仲間か！」と横レス入れられ、荒らされることもありました。

「アンチ」と「正当な批判」を区分けする

やはりネガティブな言葉は傷つきます。よく「9割がほめ言葉でも、1割嫌な言葉があったら帳消しになる」と言われますが、本当にその通りです。ほめ言葉は嬉しいけれどすぐに流れていってしまうのに、ネガティブな言葉は刃物のように心に刺さりダメージを受ける。

何よりもどかしかったのが、アンチは顔も名前もわからない相手で「終わりが見えない」ということです。次第に、「今日もアンチから誹謗中傷やデマを流されるのではないか」と神経質になっていき、このままでは精神衛生的にもよくないと考えるようになりました。

そこで私が取った対策が、**「アンチ」と「正当な批判」を区分けする**ことです。アンチからの攻撃は引き続き相手にせず、一方で正当な批判コメントに対しては私も答えられる範囲で返信をするようにしました。アンチかどうかの判断基準はシンプルで、**礼節のある態度で、侮辱や揚げ足取りが目的になっていないかどうか**。つまり互いに対等な立場で話し合いができる相手かどうか、です。

その後、根気強く説明を繰り返したことで、大半の批判は収まっていきました。しかしそれでも一部の粘着質なアンチは残り、執拗に個人攻撃を繰り返されました。こうなるともう話し合いでは解決できません。

これはあくまで推測ですが、ひょっとすると私が本物認定をした人物の敵対組織が「仕事」として私を攻撃している可能性もあります。その人物は存在自体が眉唾モノとされていましたが、私が証言したことで本物だと認定されてしまうと、彼の発言に説得力が生まれてしまいます。これは敵対勢力からすれば不利益になるわけです。そのため私を執拗に攻撃し、失言や暴言を引き出すことで、「こんないい加減な奴が言うことなんて嘘に決まってる。やっぱりあのアカウントも偽物だ」という印象操作をすることが狙いだったかもしれません。

結果、相手にするだけ時間の無駄だと思った私は、数人のアカウントをブロックしました。

ただ、基本的に自分はブロックすることは好みません。どんな人であってもまずは話を聞いてみたい。そのためしばらく時間が経った後でブロックは解除したのですが、そのときのアンチは現在1人も残らず消えてしまいました。

中傷コメントの原因は、自分ではなく相手にある

ここまでお話ししてきたように、炎上に加担する人の多くは、事実関係を確認せず快・不快という感情だけでコメントしている。そして建設的な批判（問題の改善）ではなく、相手の評価や信頼を落としてマウントを取る、あるいは自己承認欲求を満たすことが目的化しています。

現在、私のツイッターには10万人以上のフォロワーがいますが、やはり何人かアンチはいて、時折言いがかりや誹謗中傷のコメントが送られてきます。私は、自分の信頼を棄損するようなデマや関係者を攻撃するようなコメントを除いて、基本的にアンチには反応しません。戦う意味がなく時間の無駄だからです。見ず知らずの人間に、大切な時間や感情のリソースを割くのはもったいないし、醜い言葉で応酬しても気分を害するだけです。

また、悪意のある人に反応をすることで、その人に注目が集まってしまいます。その人物は意気揚々とアンチ活動を続けていくでしょう。相手にすることでその人物に栄養を与え、いくらかでもパワーアップさせてしまうのです。目に余る場合は、粛々とミュートして、その人物に注目が集まらないようにやり過ごします。

ほとんどの場合戦う意味がないと感じるのは、**人格攻撃や誹謗中傷の原因が、自分ではなく相手の中にある**と思うからです。

第４章の謝罪編でもお話ししましたが、相手の意思や感情を変えることは基本的にできません。自分の発言や行動に対して、相手が共感するのか、それとも不快に思うのかは、こちらがコントロールできることではなく相手の問題です。

また、人格攻撃や誹謗中傷をくり返すのも、被害を訴えたり問題を解決したりするためではありません。相手の評価を落とすことで、相対的に自分の評価を高めて承認欲求を満たすためです。つまり誹謗中傷の動機や目的のほとんどは「**自分が気持ちよくなりたい」という自己完結的な感情**に収束するため、こちらがいくら丁寧に弁明しても、**実は相手はどうでもいいと思っている**のが実際のところではないでしょうか。

こうなると、そもそも対話が成立しないので解決はできません。それはもうどうしようもないことなので、私は「**ボット**」（自動でツイートするプログラム）だと思って無視しています。

もちろん、言われっぱなしでは腹の虫が収まらないという方もいるでしょう。しかし反論するにしても「頭悪いんですか？」とか「暇なんですか？」みたいな、アンチを煽るような発言は控えるべきです。それは相手に「エサ」を与えるだけで、別のアンチを引き寄せかねません。同じレベルに落ちてはいけません。

基本的に無視をすればいいのですが、どうしても反応せざるを得ないときは、「誹謗中傷はやめてください。これ以上続けるようであればブロックします」と、**こちらの要求を淡々と伝える**。いかに相手が不毛なことをしているのかが、周りの人間にも伝わるように、感情を排して処理していくほうが効果的です。

攻撃しても構ってもらえず、周りもしらけているような状況が続けば、自分が気持ちよくなることもできないので、アンチは自然と消滅していきます。

相手は「暇つぶしのネタ」として見ている

そうは言っても、心ない言葉をぶつけられたら傷つくのが人間です。軽い冗談のつもりでも、傷つけるような発言はやめてほしいという気持ちもよくわかります。

ただ、とても辛いですが、本気で戦う覚悟がないのであれば、これはもう**「事故」だと思って割り切るしかない**。いくらＳＮＳで対話を試みても理解してもらえる相手ではありませんから、自分の中で状況を整理して決着をつけるしかありません。

心が苦しくなるのは、私という人格が否定されていると感じるからでしょう。しかし、本当にそうでしょうか。相手は本当に、私という「人間」を見て言葉を発しているのでしょうか。

私は、炎上に乗っかる野次馬のほとんどは、**テレビを観ながら愚痴を言うのと同じ感覚でコメントしているだけ**だと思います。たとえば、テレビの中の女性タレントに向かって「この人整形してない？」とか、コメンテーターに「またアホなこと言ってるわ」と言うのと大差がない。

こういう会話は多くの人がしたことがあると思いますが、そのときあなたは相手のことを傷つけたいと思っているでしょうか。そんなつもりはなく、単なる「会話のネタ」として消費しているだけだと思います。

つまり相手は、私という人間ではなく、**単なる暇つぶしのネタ**としてしかこちらを見ていない。そう考えると、いちいちまともに反応するのが馬鹿らしくなります。相手は自分を人として見ていないのだから、こちらも相手を人と思う必要はありません。友人から殴られたら痛いし心も傷つきますが、うっかり指を火傷して心が傷つく人はいません。単なる事故なのですから、そこに感情を割くだけ無駄なのです。

しつこいようであればブロックすればいいですし、コメントやＤＭを停止できる機能もあります。鍵付きのアカウントにするのも手でしょう。それは負けたとか逃げたとかではなく、事故や災害から身を守るためには当然の対策です。

また、侮辱や誹謗中傷があまりに続くようであれば、警察の窓口に相談しましょう。侮辱罪も名誉棄損罪も刑法で規定された犯罪行為ですから、構成要件を満たせば相手は逮捕されます。

たとえば侮辱罪では、「事実を適示しなくても、公然と人を侮辱した者は、1年以下の懲役若しくは禁錮若しくは30万円以下の罰金又は拘留若しくは科料に処する」と定められています。事実の有無にかかわらず、「バカ、アホ、ゴミ、カス、死ね」といった言葉をSNS上で相手に吐き続ければ、それは犯罪です。

いちばん危ういのは、相手から責められ続けることで、「全て自分が悪いんだ」と思いこまされてしまうことです。侮辱も誹謗中傷も犯罪なのですから、悪いのは相手のほうに決まっています。**「一線を越えた」と感じたなら、自分だけで対処しようとせず然るべき措置を取りましょう。**

自分に非があるときは、2段階で謝る

一方で、自分の暴言や差別発言、迷惑行為が原因で炎上してしまうケースもあります。

個人的には、落ち度があるからと言って第三者が集団リンチを加えるのは間違って

いると思いますが、もし自分が本当に悪いことをしたと思うのであれば、これは誠実に謝るしかありません。

難しいのは、**対面で謝るのとは異なり、相手が怒っている理由を聞き出せない**ことです。同じ暴言を批判されている場合でも、人によってむかついているポイントが違うかもしれないし、そもそも怒りなどなく愉快犯的に叩いている人もいるかもしれない。

全ての人の怒りに寄り添うことは不可能ですから、自分が考えていること、わかっていることを包み隠さず伝えるよりほかにできることはありません。事に至った経緯や反省している点を伝え、誠実に謝ったら、あとは世間に判断を委ねるしかない。それでも批判が続くようであれば、忘れ去られるまで沈黙を貫くほかないでしょう。

炎上したときは、とにかく1秒でも早く謝ることが鉄則とされていますが、個人的には**謝罪は2段階に分けたほうがいい**のではないかと思います。

第4章の謝罪編でもお話ししたように、不快な気分にさせてしまったことに対してはすぐに謝る。ただ、問題の本質を理解していない状態で、下手に言い訳じみた説明や同情を誘うような発言をすれば、余計に反感を買うことになります。そのためひと言謝ったうえで、自分が本当に謝らなければならない相手は誰か、謝らなければならない理由がどこにあるのか、数日でも考える時間を作ったほうがいい。

たとえば、自分が無自覚に差別的な発言をして批判されたのであれば、「このたびは私の発言でご不快な思いをさせてしまい大変申し訳ございません。私は差別に苦しまれている方々のお気持ちに考えが至らず、無自覚に人を傷つけてしまいました。恥ずかしながら差別問題に対する理解がまだ追いついていないため、当事者の方のお話を聞くなどして学ぶことで、自分の過ちを見つめ直したいと思います」と断りを入れてもいいでしょう。

実際に、問題について調べたり、話を聞いたりすることで、初めて自分の愚かさに気づけることもあります。本心からそう思えたときに、改めてもう一度謝罪すればいい。**誠実さとは、何でも謝る、批判を全て受け入れることではなく、自他の差や問題を理解しようと努める姿勢にこそ表れる**のだと思います。

炎上に加担している人間は全体の約1%

SNSをしていると、つい過激なコメントばかりに注目してしまいがちですが、もっと引いた視点で、客観的に全体の構造を捉えることも大切です。

2014年に、多摩大学情報社会学研究所が20代から60代の約2万人を対象に行ったアンケート調査によると、「過去に炎上に加担したことがある」と回答した人は全体の1・1%でした。また、攻撃的なコメントを複数回書き込む人は、インターネット利用者数の0・5%以下であるという推計もあります。つまり、炎上で侮辱や誹謗中傷を繰り返す人々は、ごく少数の過剰な人に限られると考えられます。

この統計結果は私の肌感覚とも合致しています。実際に「裏社会ジャーニー」で、批判的なコメントが多く寄せられた回でも、評価総数の95%以上は高評価だったりします。そもそもコメントを書くことはグッドボタンを押すことよりも労力がかかるので、大多数の人は「面白いな」と思ってもわざわざコメントしません。しかし一部の過剰な人たちがネガティブな言葉をコメント欄に書き連ねることで、**全体としては高**

評価なのに、コメント欄だけ見るとあたかも炎上して見えるという逆転現象が起こるわけです。

そのため私はよくゲストに対して「もしかしたら批判コメントがくるかもしれないけれど、ほとんどの人は好意的に観てくださるから気にしないでいいですよ」と伝えています。事実そうなのであって、**ごく一部のアンチに屈して番組内容を変更すれば、95％の視聴者を裏切ることになる。**そちらのほうが、よほど問題だと思います。

それ、俺が書いたんだけど？

本当に意識しなければならないのは、ノイジーマイノリティではなく、普段は何も言わないサイレントマジョリティのほうです。いざトラブルや炎上が発生したときに、サイレントマジョリティに対してメッセージを発信できるかどうかで、風向きも変わってくる。それを実感した出来事があります。

2018年に「ビッグコミックスピリッツ」で、私が原作を担当した漫画『ハスリンボーイ』の連載が開始しました。借金を抱えた大学生が、池袋の裏社会で非合法なツールを調達する道具屋稼業で金を稼ぐという内容なのですが、物語を構成する上でかなり気合を入れて現場を取材したんですね。

ところが連載が始まってしばらくしてから、匿名掲示板の「5ちゃんねる」にスレッドが立った。それで興味本位で覗いてみたら、「マンガに描かれている内容は全部嘘だ」とめちゃくちゃ書かれていました。

これ、反応がしづらいというか、漫画はフィクションなので嘘と言われればその通りです。けれども、裏稼業の仕組みや非合法なアイテムなどはきちんと取材していて、リアルな情報もかなり含まれています。

にもかかわらず、裏社会に詳しいと自称する人たちが、これが違う、あれがおかしいという風に、荒唐無稽な批判を繰り返していた。挙句の果てに「『裏のハローワーク』にはこう書かれてるから」と指摘するレスもあって、「**いや、それ俺が書いたんだけど！**」と思わず突っ込みたくなりました。

私が5ちゃんねるを見たのはそのときが十数年振りでしたが、謎の中毒性があって、半分面白がってチェックしていたことは否めません。ただ、あまりにも事実と異なる指摘が多かったため、途中から見るのを止めてしまいました。わざわざ自分が「間違ってますよ」と書き込むのも違うし、書き込まれたレスを参考に作品の質を高められるわけでもなく、これは放置するしかないなと思ったのです。

ただ、1つだけ感謝していることもあります。これを教訓にツイッターを頑張ろうと思えたことです。

当時の私は、作家や編集者として作品が世に出ればそれでいいと考えていました。ツイッターも、新刊の宣伝でたまに更新するくらい。フォロワーも3000人ほどだったと思います。

しかしそれだと影響力がないので、デマやフェイクが広まったときに訂正できないわけです。**「違うことは違う」と、サイレントマジョリティにきちんと伝えられるメディアが、やはり必要だと痛感しました**。

誤解しないでいただきたいのは、私は「信者」がほしいわけではありません。盲目的な信者が増えれば人間は傲慢になると思うし、信者を使って集団で対立する人間を叩いている人は醜いと感じます。**そうではなくて、自分の作品や言動を是々非々で判断してくれる人たちを増やしたい**。そうしたサイレントマジョリティの反応を可視化するツールとして、ツイッターは有用だと思います。

結果的に、ツイッターのフォロワー数が増えたことは、自分の創作活動にとてもプラスに働いています。その意味では、ハスリンボーイの炎上はありがたい事件でした。

校了直前でパクられたD.Oの話

今の社会は、個人も企業も、とかく批判されることを恐れて敏感になっています。しかしネット上で炎上したとしても、大多数の人はそれほど深刻に捉えていないケースも実は多いのではないでしょうか。そう考えさせられたのが、友人のラッパーのD.O《ディー・オー》が逮捕されたときです。

今から約3年前の2019年、私は『悪党の詩《うた》』というD.Oの自伝本を作っていました。原稿も表紙デザインもほぼ固まり、初校ゲラが出た頃です。夜中の4時過ぎに、Ｄ．Ｏと自分の共通の後輩から突然電話がかかってきました。

「草下さん、Ｄ．Ｏくんが持っていかれました……」

マジか。深夜に電話が鳴るときは、大抵誰かが警察にパクられたときなのですが、やっぱり驚きました。罪状は大麻取締法違反です。当初は密輸の疑いがかけられていましたが、その後、単純所持での捜査に切り替わりました。

正直、悩みました。このまま本を出版してもいいものかどうか……。

１日考えた末、私は予定通り本を刊行することに決めました。

決め手になったのは、逮捕理由が大麻の所持で、**被害者がいなかった**ということです。これがたとえば詐欺や殺人、強制性交だったら、出版を中止していたと思います。被害者が本を目にすることでさらに精神的ダメージを受けてしまうといった二次被害は避けなければなりません。

大麻の所持も日本ではたしかに犯罪ではあるのですが、大麻の是非についてはＤ．Ｏが作品の中で触れていたことでもあり、「人間のリアルな部分を吐露する」のがヒップホップという音楽の文化でもある。そのため私の独断で中止するのではなく、出版することで世の中に是非を問い、批判がきたら甘んじて受け入れようと思いました。

その結果、**発売から現在までクレームは1件もきていません**。書店の店員さんから「出したんですね！」と驚かれたぐらいで、ほとんどの読者の皆さんからは好意的な感想をいただいています。

もしもD.Oがタレントや俳優だったら、間違いなく出演番組は差し替えられ、映画は公開延期になっていたでしょう。たしかに炎上は怖いし、避けたい。しかし同時に、**過剰に自主規制をすることが、人々から本音で議論する機会を奪っている側面もあるのではないか**と私は思います。

罪を犯したのですから、批判があるのは当然です。「裁判中や服役中に本を出すのってどうなの？」という疑問があってももちろんいい。それに対して、「私はこういう意図があって出しました」と率直に答える。こうした対話を続けることで、**ただのスキャンダルネタから社会規範を止揚する議論に発展していく**のだと思います。

2019年にピエール瀧さんが麻薬取締法違反で逮捕された際に、電気グルーヴの楽曲が配信停止、CDなども自主回収されたことで異論が噴出したように、批判や議論もないうちから先回りして規制をかけるのは、文化の衰退にもつながりかねません。少しでも過ちや落ち度があったら、その人だけでなく関わった物全てが排除されてしまう。私はそのような社会になることのほうがよっぽど恐ろしいし、本当にそんな社会を多くの人々が望んでいるのかなと疑問に感じます。

炎上しないためには「逆ブランディング」をせよ

ところで、不倫にせよ薬物にせよ、**激しく炎上する人と全く炎上しない人がいる**のはなぜでしょうか。

たとえば、女好きで何度も浮気を繰り返している俳優が不倫をしても「またか」と思われるだけですが、品行方正で家族想いのパパタレントが不倫をしたら「許せない！」と凶悪犯罪のように騒ぎ立てられます。仮に不倫が悪いことだとしたら、何度も繰り返しているほうが当然罪は重いはずですが、社会的な制裁はたった一度過ちを犯した人のほうがずっと重かったりする。これは考えてみれば不思議なことです。

結局、炎上の度合いは、罪そのものの重さではなく、その人のイメージとのギャップによって生まれているのかもしれません。「だまされた」「裏切られた」という被害感情が強まるほど、攻撃の手も激しくなる。

また、普段は「インフルエンサー」と呼ばれて誉めそやされている人たちも、同じくらい多くの妬《ねた》みや嫉《そね》みを持たれていると考えたほうがいい。調子がいいときは問題ありませんが、少しでも落ち目になったり不祥事が明るみに出たりした途端に、「ざまあみろ」「昔から嫌いだったわ」と手のひらを返したように罵られる危険性がある。

そう考えると、炎上しないためには、**普段から「自分は不完全な人間だよ」と周知しておく**ほうがいいのかもしれません。つまり、逆ブランディングです。

たとえば、私は友人に裏社会の人間が多いことや、昔ドラッグをやっていたことをツイッターでも定期的に言っています。今はもちろん犯罪はしていませんが、人の悪事を見て指させるような聖人君子ではないし、清廉潔白な人間でもない。しかしだからこそ社会の暗部にいる人々を取材して、表に声を届けるのが自分の生き方だと自覚しています。そこは買い被らないでほしいのです。

ただこれは、ニュアンスを履き違えると逆効果で、「俺の連れは大体ヤクザ」とか「ドラッグでパクられたことは一度もない」とか言うと、ただのイタい人になってしまいます。犯罪を擁護するとか、開き直るということではありません。過ちは過ちとしてきちんと認めて、自分の愚かさをさらけ出して生きていく。それで批判がくるのであれば、それはもう仕方のないことだと諦める。

必要なのは、自分を大きく見せず、卑下もしない覚悟なんだと思います。

常に軽く燃えておく

人だけでなく、**時代**によっても炎上するかしないかは変わってきます。

たとえば、昭和の時代は、学校の職員室で教師が平気でタバコを吸っていましたし、運動中に水を飲んではいけないとか言われていた。飲酒運転をしても罰金だけで済んだし、民放のバラエティ番組には上半身裸になった女性が普通に出ていたりしたわけです。今であれば、体罰、危険運転、性搾取と言われ全て大炎上するでしょう。

〝身内のノリ〟が通用しないのも現代の特徴です。ある男性俳優は、テレビ番組で「嫁さんに髪を切ってもらった」と言ったことで軽く炎上しました。恐らく当人には全く差別の意識はないと思うのですが、「嫁」という言葉には女性が息子の家に入るという従属的なニュアンスがあることから批判されたわけです。

我々の「裏社会ジャーニー」でも似たようなことがあって、番組の物販をやろうとなったときに、酉の市で売ってるような熊手とかを売ったら面白いんじゃないかという話になった。そのとき丸山ゴンザレスが、「酉の市じゃなくて豚の市って名前にしよう」と提案したのですが、それは時代的にちょっと許されないんじゃないかということで却下になりました。丸ちゃんが豚にしようと言ったのは自分の恰幅がいいから、つまり自虐ネタのつもりだったのですが、それをパブリックの場でやってしまうとルッキズムを助長する恐れがある。

これを公正で清潔な社会になっていると思うか、息苦しい世の中だと思うかは、人によって感じ方が異なるところでしょう。ただ、**こうした時代の価値観、空気感みたいなものは、常に触れていないとピンとこない**ことは確かです。その結果、悪意なくズレた発言をしてしまって、炎上するというケースが少なくありません。

私としては、こうした時代の流れをつぶさに観察することも、ＳＮＳをやるひとつの意義なのかなと感じます。自分の考えや意見が世の中の価値観にそぐうものなのか、あるいは受け入れられないものなのか。そのラインを正確に見極める目を持つためにも、**当たり障りのないことばかりではなく、たまには社会に疑問を呈するような意見を発信したほうがいい**んじゃないかと思います。軽く炎上するようであれば、そこが「ギリギリ」ということがわかりますから。そうした経験を積み重ねていくうちに、何が炎上して、何が炎上しないかの判断が正確にできるようになっていく。

常に軽く燃えているような人が、案外いちばん強いんじゃないかと思います。

第6章

人間の複雑さを見つめる

そもそも人は完全になどわかり合えない

これまでさまざまな角度から、人間の怒りについて考えてきました。

怒りの感情は扱いが難しく、向き合うには大きなエネルギーが必要になります。そのため怒られる原因を外在化し、事故や天災のように捉える「怒られ」という概念がＳＮＳ上で広まりました。しかし現実世界では、他者の怒りから逃げ続けることは難しい。それならば怒りの構造を理性的に理解し、無駄に争ったり怯えたりすることなく、怒りに向き合えるようになったほうがずっと生きやすくなる。この本の出発点はここにありました。

では、どうすれば怒りに向き合えるようになるのか。

まず、怒りには感情と利害の２軸があり、相手の怒りの座標点がどこにあるのか、話をよく聞いて見極めること。そして相手の要求や脅迫に対しては、こちらから忖度しないことです。怯えや不安は、相手が何をするか見えていないから生じる。わからないことや納得のいかないことがあれば、何度も質問を繰り返し、徹底的に議論の俎上にあげることが大切であることをお話ししました。

また、謝罪するときも、トラブルを解決しようと思わないこと。許すか許さないかは相手が最終的に判断することであり、こちらができるのは相手の話を聞き、自分の考えを率直に伝えることだけです。相手に、自分の事情や感情を汲んでもらおうとしてはいけません。

それは自分が被害を受けた場合も同様です。ネットでは、デマや事実誤認から誹謗中傷を受けて炎上することもある。しかし自分に瑕疵がないのであれば、その問題の原因は相手の中にあります。相手の一方的な欲求や願望を、私の力でコントロールしたり満たしたりすることはできない。私は事実や自分の考えを偽りなく伝え、それでも理解してもらえないのであれば、諦めるよりほかにない。

そう、**人は完全になどわかり合えないのです**。ここまでお話ししてきたことは、この一点に尽きると言ってもいい。相手が何を考えているのかわからない。自分のことを理解してもらえるかどうかもわからない。だから言葉や行動に自信が持てず、不安や恐怖に支配されてしまう。

そして**怒りに向き合うとは、この彼我の間に横たわる断絶の谷を埋めていく作業**なのだと思います。わからないからこそ、相手の話をとことん聞く。自分の考えを言葉に出して伝える。

ある意味、私は人を信じないことのほうが理性的だと思います。わかり合えないと知っているから、互いを尊重しようという感情も生まれる。逆に「わかってもらえるはずだ」と信じていたら、感情がぶつかり合って平行線を辿ることになってしまいます。

「あなたと私は違う」。その事実をまずは認めることが大切です。

他人の生き方を変えることはできない

人と人のわかり合えなさというのは、普段は感じることがありません。お互いに曖昧な中で妥協点を探り、ある種共犯的にわかったようなふりをしながら生きている。

しかし、世辞や世間体を脱ぎ捨て本音でぶつかり合ったとき、あなたと私の相容れなさは克明に浮かび上がってくる。それが怒りの場面です。

特に、個人の思想や信念が対立したときは、同じ現実を生きていても住む世界がまるで違っているように感じることがあります。

たとえば、政治や歴史、戦争、領土問題に関する書籍を出版したときは、解釈の違いによってトラブルに発展することが少なくありません。こちらは事実に即して書いたつもりでも、相手からすると敵国側に立った意見のように感じられて、「でたらめだから内容を変えろ」と長時間のクレーム電話がかかってくることもある。

こういう場合は、**現実ではなく、思想が先行している**わけです。実際に起こった出来事は1つしかありませんが、その解釈や意味付けは個人の思想によっていかようにも変わってきます。コップに半分入った水を「半分しかない」とするのか「半分もある」と捉えるかは個人の自由です。同じ現実を生きていても、「世界はこうあるべきだ」という思想が先立っていれば、そこに当てはまる事実だけをつなぎ合わせることで、あたかもそれが唯一無二の真実であるかのように振る舞うことができる。

こうした個人の思想は、その人の生き方そのものであるため、私の意思では変えることができないと諦めています。もちろん最初は話を聞いて妥協点を探ろうとしますが、相手の〝説諭〟をそのまま受け入れるわけにもいきません。こちらの言い分を聞く姿勢がなかったり、クレームを言うこと自体が目的化していたりする場合は、理解してもらうことを諦めるよりほかにない。

正義感が強い人だと、相手の偏った考え方や事実誤認を事細かに正してやりたいと思うかもしれません。しかしいくら「こういう事実があります」「こういう考え方もあります」と提示したところで、相手の考え方に強烈なバイアスがかかっていると、その事実に対する捉え方もまるで違うので話になりません。

人が変わるためには、結局のところ本人の気づき、あるいは目覚めを待つしかないと私は思います。

他人の価値観も変えることはできない

人はそれぞれ信じているものが違うように、生きる上での優先順位も異なります。

信頼を重んじるのか、自由を重んじるのか、それとも利害を重んじるのか。その違いもまた、人と人の相容れない部分だと感じます。

以前、ある著名人とコラボをする機会がありました。

お互いのコンテンツをＳＮＳ等を使って同時に公開し、盛り上げようと考えていました。しかし、いきなり先方から「公開日を予定より早められませんか？」と問い合わせがありました。私は相手の事情を汲んで了承し、公開スケジュールを変更しました。しかし、翌日になると今度は「やはり事情が変わったので公開を延期したい」と連絡が来ました。さらに「今、トラブルを抱えている相手がいるのですが、草下さんのルートを使って、その相手を説得してくれませんか」とお願いをされたのです。

無関係な自分が出て行くのは筋違いだと思ったので、私は「確約はできない」と答えました。ただ、送られてきた文面からかなり切羽詰まった状態であることが伝わってきたため、結局、私の方で関係各所に連絡を取り、最終的には場をうまくおさめることができました。

しかし、その後、コラボ相手からは公開を延期したことの謝罪もなければ、仲裁に入ったことに対するお礼もありませんでした。そこで私は「もしかするとこの人は、自分以外の人間に共感することができない人なのかな」と思ったわけです。

悪意があるわけではなく、相手の感情に全く関心が持てない人というのはたしかに存在します。その人にとっては、義理や人情といったものはどうでもよく、自分に利益があるかないかでしか人間関係の軽重を判断できない。相手の気持ちを理解したいという発想そのものがないので、会話をしていても違うゲームをしているような気分になります。

相手が役に立つか立たないか、それとも好きになれるかなれないか、どちらをベースに関係を構築するかは人それぞれでしょう。これまでにもお話ししてきたように、多くの人は感情と利害が複雑に入り混じりながら、他者との関係性を保っています。

しかし怒りによって互いの感情や利害がぶつかり合ったとき、その優先順位の差が如実に表れる。自分は好意を持っていても、相手からは手駒の1つとしてしか思われていないかもしれない。あるいは人として尊敬し合えても、利害が折り合わずに同じ道を歩けなくなることもある。その彼我の断絶もまた、埋め難いものだと感じます。

これはどちらが良いとか優れているといった話ではありません。大きな利益を得るために相手を利用する、あるいは利用されるという考え方も、潔くてすごい生き方だなと思います。感情に振り回されずに行動できる人がいるから、社会にイノベーションが起きる側面もある。「人でなし」と断罪して潰すのは、社会の多様性を狭めることになると思います。

一方で、私のように、利害ではなく感情を優先したいという人間もいる。利害を優先するということは、見方を変えれば、財力や権力によって簡単にコントロールされる人間になるということでもあります。そうしたパワーゲームには参加せず、自分の感情に素直に生きたいと願うのもまた自由です。

大切なのは、**相手はどちらのゲームを望んでいるのか、そして自分はそのゲームに乗れるのか、**それを理解することでしょう。

能動的に諦めるということ

自分と他人は違う。そして人にはそれぞれ信じているものがあり、自分とは相容れない部分がある。だから私にできることは、相手の話を聞き、自分の考えを伝えることしかない。できることとできないことを区別し、できないことはすっぱりと諦めたほうがいい。

日本の教育では「諦める」ということが、自分の願望を断念すること、投げ出すこととしてネガティブなイメージで捉えられてきました。しかし本来、「諦め」とは仏教の梵語で〝真理〟を意味する「satya（サトヤ）」に由来し、元の意味は「つまびらかにする」「明らかにする」ことです。

私が言う「諦め」とは、この元の意味に近い。**自分の主観から一旦離れ、全体的な視点から自他の違いを明らかにし、自分の感情を納得させる。**「能動的に諦める」ことで見えてくる物事や道はたしかにあります。

諦めることはまた、執着を捨てることでもあります。強い執着があるときは、自分が問題や関係性の一部に組み込まれている状態です。当然ながら全体像を客観的に捉えることはできないし、自分の立ち位置を見失いやすくなる。

そこで**執着を一旦捨てて、一歩引いて俯瞰で見ることを意識する**。具体的に言うと、「あいつはむかつく」と考えているのが主観であり、執着している状態。一方で、「むかついてるな、自分」と考えるのが客観です。

客観視ができると、自分さえもひとつの駒として見られるようになる。その結果、「ここは相手の言い分を飲んであげよう」とか「この方向から解決策を出すこともできるな」とか、多面的に思考できるようになります。

つまり「諦観」とは、**相手だけでなく、自分を含めて客観視すること**です。相手だけでなく、自分の感情も冷静に見つめられるようになれば、多くの人間関係の苦しみは和らぐ。

そのためには、やはり場数を踏むことが大切です。私も最初からうまくできたわけではありません。たくさん失敗を重ねることで、自分に「できること」だけでなく「できないこと」もよく理解できるようになる。この両輪が大切です。

相手を「絶対悪」とみなすのは危険

なぜ諦めること、つまびらかにすることが大事なのかと言えば、それは**人間が想像から逃れられない生き物だから**でしょう。

多かれ少なかれ、人は他者に「この人はこういう人だ」「こうあってほしい」という願望を重ねて生きています。それがポジティブな感情であれば、友情、愛情、尊敬、崇拝することもある。一方でネガティブな感情であれば、軽蔑、偏見、差別、魔女狩りといった形で表れることもあります。いずれにせよ、他者が持つパーソナリティのごく一部を自分の願望に合わせて全体化してしまう、無意識のバイアスからは逃れられないと考えたほうがいい。

これは怒りに対峙するときも同じです。怒りを向けてくる相手に対して、こちらも怒りの感情が湧くのは自然なことです。しかし憎しみに飲まれて、相手を「絶対悪」だと考えるのは危険な行為でもあります。

たとえば、２０２２年2月に開始したロシアのウクライナ侵攻で、ロシアは国際的な非難を浴びています。それは当然のことで、ロシアの侵略行為は絶対に許されるものではありません。一刻も早い戦争終結に向けて、全力でウクライナを支援すべきだと思います。

しかしその一方で、「ロシア憎し」のあまり、「プーチンは常識の通じない頭のおかしい奴だ」とは考えないほうがいい。ロシアが冷戦後の国際社会の中で辿ってきた変遷や東ヨーロッパの複雑な地政学的事情といったものを全く無視して、ただ「悪だ」と決めつけるのは建設的ではありません。プーチンの話を聞くことは、ロシアに肩入れすることではないし、どっちもどっち論でもありません。侵略行為に対しては断固として抵抗しつつ、一方で、プーチンが西側諸国に対して抱いている怯えや怒りといったものをできるだけ理解する必要がある。そうしないと**歴史は必ず繰り返すし、根本的な解決には至らない**からです。

そして国は人間の集合体であることを考えれば、個人間の争いにもやはり同じことが言えると思います。自分は完全な被害者で、相手が絶対的に悪いと考えれば、相手を叩き潰すことが目的化してしまう。しかし社会では、相容れない相手とも折り合いをつけていかなければならないし、また同じような問題に遭遇しないとも限らない。叩き潰すことが目的になってしまえば、問題の本質は潜在化してしまい、そこから学ぶこともできなくなります。

社会は複雑に善悪が入り混じっていて、その社会を構成する人間もまた複雑な存在です。怒りの本質に向き合うためには、白と黒に分類するのではなく、その間にあるグラデーションの部分に目を向け、ひとつひとつ分解して考えることも必要です。

相手の背後にある「弱さ」に目を向ける

私の知り合いのヤクザにも、常にイライラしていて、何かあるとすぐに人を怒鳴り散らす人がいました。そのヤクザがワーッと怒鳴ると、周りにいる人間は何も言えずただ頷くことしかできなくなってしまう。そんな調子だから、人もどんどん離れていく。その結果、孤立することで周囲に対する不信感が強まり、さらに怒りが増幅されていく。そういうマイナスのループから抜け出せずにいたのです。

私の経験上、**精神的に脆《もろ》い人、自信がない人、辛い目にあってきた人は、その裏返しとして相手に過剰な信頼を求めたり、依存的になったりすることが多い。**「自分のことをわかってほしい」という期待と、「この人も自分から離れていくのではないか」という不安が入り混じって、抱えきれなくなった感情が怒りという形で爆発してしまう。

そのヤクザも、幼少期の家庭環境が悲惨で、薬物に依存した経験がありました。薬物中毒に苦しみながらどうにか止めることはできたのですが、精神的に不安定な状態が続いて社会生活をうまく営むことができなかった。

そのヤクザの過去や苦しみを、私が救うことはできません。その人が抱える問題は、その人自身で決着をつけるよりほかにない。ただ私は、そうした「人間的な弱さ」が相手の背後に見えると、苛立ちよりも愛おしい感情が湧いてきます。

問題を解決することはできないけれど、相手の背後にある弱さや苦しみを知ることで、自分の接し方を変えることはできる。それから私は、ヤクザを警戒するのではなく、「本当にいつも怒ってますよね」とか「もっと話を聞かせてください」と、受容的な態度で接するようになりました。その結果、そのヤクザは少しずつ穏やかに話せるようになっていったのです。

これはあくまで結果論であり、受容的な態度で接したからといって必ず相手の怒りが収まるわけではありません。しかしそれを私が考える必要はないのです。重要なのは、相手を深く知ることで、相手の怒りに対する私の向き合い方を変えることができる、その選択肢を増やすことができるということです。

諦めることは感情を殺すこととは違う

そうは言っても、人間は自分の思い通りにならないと、怒ったり悲しんだりする生き物です。相手に勝手に期待して、勝手に裏切られ、勝手に落ち込んだりもする。「考え方は人それぞれ」とか「多様性が大事」ということは、頭では理解していても、感情的にはなかなか整理がつかないというのが実際でしょう。

自分は常々「諦観」を持つことが大切だと言ってきましたが、他人が自分の思い通りにならないように、**自分の感情もまた思い通りにならない**ものだと考えています。むしろ他人のことで怒ったり、喜んだり、悲しいと思ったりすることは、人間としてとても大切な部分です。感情をなくしちゃ駄目なんですね。諦めは必要だけれども、それは「自分の力では変えられないことがある」ことを悟るだけであって、**無感動な人間になることとは全く違う**。ここがとても大切で、やはり心を凍らせてはいけない。

私は感情とは、自分の精神の方向性を知るための「**気づき**」だと思っています。コミュニケーションの中で怒りが湧いたり、傷ついたりするのは、自分という人間の性質を理解する手がかりになります。自分が辛いと感じるのは、相手が理不尽だからなのか、それとも自分の至らなさ故なのか、感情を起点にして思考が深まっていく。だから自分の感情を無視してはいけません。

「相手が○○だから××する」という考え方は、主体が相手にある状態で、自分の思考や感情の決定権を相手に委ねている状態であるとも言えます。そうではなくて、「**自分はそのときこう感じた、だからこう決めたんだ**」と、行動の主体を常に自分に置く。そうすれば、結果的に不利益を被ったり、不本意な結末になったりしても、

「自分が決めたことだから仕方ないよな」と明るく諦めることができます。過去の自分を呪うことなく、自己肯定感を損なうこともない。

まずは自分がどう感じたのか。そこをしっかりと拾い上げた上で、それは自分の行動で変えることができるのかどうかを考える。そして自分では解決しようのないことであれば、すっぱりと諦める。順序立てて感情に向き合う必要があります。

私が作家を目指した理由

諦めは必要だが、感情を失ってはならない。私がそう思うのは、かつて**私自身が世の中の全てのことに対して無関心だった時期がある**からです。

中学生から高校生の頃の私は、あらゆることに冷め切っていました。冒頭でお話ししたように、クラスの担任が殺人を犯したことや親がついた小さな嘘などが重なり、特に大人に対して強烈な不信感を抱いていました。

一方で、自分がくだらないと思っていることも「子どもだから」という理由で半ば強制的にやらざるを得ない。経済力も、一人で生きていくための知識も技術もないため、嫌だと思いながらもそれに甘んじなければいけない。そうした周囲に対する不信と、自分に対する苛立ちが重なり、全てのことをどうでもいいと諦めていた。そのうち親や教師に反抗するように地元の悪友たちとつるむようになり、薬物や高レートの麻雀に手を出すようになりました。

両親が、そんな自分を腫れ物のように扱っていることにも気づいていました。多分、どう接すればいいのかわからなかったのではないでしょうか。反抗心が強い一方で、あらゆることに無気力で、「一体この子はどうなってしまうのか、このままだと犯罪者にでもなってしまうんじゃないか」と半ば諦めていたように思います。実際、自分もそれならそれで構わないと思っていました。

投げやりだった人生に、転機が訪れたのは高校一年生のときです。

当時通っていた高校に、渡辺先生という現代文の教師がいました。60過ぎのベテランの女性教師なのですが、いつもゴスロリ系の服装をしていて、外を歩くときはフリフリがついたピンクの傘をさすような個性的な先生でした。

私はそもそも大学に進学する気がなかったため、学校にはその日の気分で行ったり行かなかったりという感じでしたが、渡辺先生のことは好きで現代文の授業は真面目に出席していました。するとあるとき、「芥川龍之介の『羅生門』の続きを書く」という課題が出たのです。

勉強は苦手ではなかったので、ほかの科目は授業を聞いていればテストでも良い点が取れました。しかし創作物は正解がありません。どうすればいいのかかなり悩みました。

それから私は苦労してどうにか書き上げ、渡辺先生のところに作品を持っていきました。すると先生は、「草下くんの作品がいちばん面白かったです」と言って、授業の中で私が書いた文章を読み上げたのです。恥ずかしさもありました。ただ、先生が読み終わった後に、皆が拍手してくれたことが素直に嬉しかった。**答えがないものに一生懸命向き合って成果が出た。それまで何をやっても無駄だと思ってきたけれど、本当はそうじゃないんじゃないか、自分にもできることがあるんじゃないか**という手応えが得られた気がしたのです。

それから私は小説の面白さに目覚め、家で少しずつ自分の作品を書き始めました。ドストエフスキーやリルケ、モームなど、渡辺先生に勧められて海外の文学作品も読み漁るようになった。

するとあるとき父親から「車に乗れ」と言われ、そのまま地元の家電量販店に連れていかれました。そこで父は「このほうが書きやすいだろう」と、東芝の「ルポ」というワープロを買ってくれました。その後、私はそのワープロを片手に上京し、彩図社で作家兼編集者としての道を歩み始めることになります。

もしもあのとき、創作の面白さに出会えていなかったら、私の人生はまるで違ったものになっていたのではないかと思うことがあります。私は運よく、渡辺先生と父親の支援のおかげで、創作することに自分の価値を見出すことができた。同時に、答えのない創作に取り組むことで、自分の小ささや自分にできないことを客観視できるようにもなりました。

あのとき、心動いた瞬間がなければ、自分の可能性は今よりもずっと閉ざされていただろうと感じます。

自分の未熟さを知る

感情の中でも、特に怒りは、相手と自分の「**未熟さ**」を考えるいい教材となります。理不尽に怒るのも相手の怒りに慌ててしまうのも、やはり客観視ができていないからです。怒りによって人間関係がこじれているときこそ、人間の不完全さや未熟さを理解するよい機会になると私は思います。

人生には対応しなければならない怒りの局面がいくつもあり、その全てを「怒られ」で処理することはできません。相手の圧力に対して戦ったり、決着をつけたりしないといけないこともある。そのとき大事なのは、相手と半身ではなく正対することです。怖くて及び腰になりそうなところを、少しだけ踏んばって正面から向き合ってみる。仮に相手に攻撃されて傷を負っても、よく観察できていれば、次からはそうならないように注意することもできます。そうした観察記録が集積することで、人との距離感が次第に正確に測れるようになっていくわけです。

私の人生も怒られることの連続でした。

高校卒業後に上京して出版社に入ったものの、本作りについて教えられる先輩が誰もいなかったため、編集の技術や知識は全て怒られながら学んでいきました。これまでもお話ししたように、入社早々国民的な漫画家から怒られ、いくつもクレームや脅迫を受け、炎上し、裁判にも巻き込まれた。何度も怒られながら、その度に他者に対する理解を深め、怒られ慣れて今に至ります。振り返ってみれば、**半強制的に他者とかかわりを持たせてくれたのが、怒りの場面**でした。

本来の私は、気の大きな人間ではありません。むしろ「これは大丈夫かな」とすぐに心配になってしまうほうです。しかし、叩かれて叩かれて、これ以上は小さくならないというところまで叩かれたことで、自分という人間を客観的に見つめられるようになった。

不思議なことに、**自分のことがわかると他者を許せるようになります**。自他の領域の境界が曖昧だったときは、相手に少し踏み込まれるだけで恐怖を感じていました。それは例えるなら、なわばり意識が過剰に広い動物のようなものです。数メートル先まで近寄られても本当は大丈夫なのに、500メートル先に敵の姿が見えただけでパニックになってしまう。それは相手を観察できていないのと同時に、自分に何ができるのかがわかっていないからでしょう。

怒られ続けたことで、**私のテリトリーはどんどん小さくなった代わりに、本当の核の部分は誰にも侵されないという自信**を得ることができました。そのおかげで、他者と深い部分で付き合うことができるようになったと感じています。

諦観の先に物語がある

怒りに向き合うのは楽ではない。そして終わりのない作業でもあります。

社会にはそこかしこに怒りの地雷があって、ひとつ乗り越えても、またすぐに次の怒りがやってくる。一生これが続くのか。また傷つかないといけないのか。そう考えると、絶望的な気分にさえなってくる。

その気持ちはわかります。どうしようもなく辛いときは、逃げてもいい。ときには「怒られ」として他人事のように問題を無視することも、精神を壊さないためには必要な技術だと思います。

ただ、怒りから逃げ続けることも、やはり最終的には自分を追い詰めることになってしまう。それは多くの人が無意識に理解しているのではないでしょうか。「自分には関係がない」「あいつはどうしようもない」。そうやって切り捨てていけば、最後に残るのは孤独です。世界を遮断してしまえば、行き場を失った自分の感情に決着をつけられないまま生きていかざるを得なくなります。

私は小学生のとき、担任の先生が人を殺したことで人間不信に陥りました。

しかしこの話には、まだ続きがあります。

上京して数年が経ち、私が作家として歩き始めた頃です。久しぶりに帰省したときに、母親が「そういえば」と、事件のその後の話を聞かせてくれました。

先生は教え子の母親と不倫をしていて、関係に悩んだ挙句、無理心中を図りました。しかしなぜ、無理心中をしなければならなかったのか。それは恐らく、**先生がまだ自分の妻を愛していたから**です。

先生の妻は性に奔放な人で、結婚後も複数の人と不倫関係にあったそうです。先生はそれを知り、耐えることができずに自分も不倫に走ってしまった。しかしそれでいいとは先生自身も思っていなかったはずです。同じように不倫をしても、結局、孤独を埋めることはできなかった。妻と向き合うこともできず、不倫相手と別れることもできず、最後は命を終わらせようという結論に至ってしまった。

通常ならば、このような重大事件を起こせば、先生の妻は先生と離婚し、自分の人生を歩む選択をするでしょう。しかし、先生の妻は違いました。この罪は、私が作り出した罪でもある。そう自覚したかのように、事件後も先生とは別れずに面会を続け、働きながら被害者の家族に賠償を続けたそうです。そして先生の出所後はふたりで違う街で静かに暮らしているということでした。

母からこの話を聞いたとき、「もっと早く聞いていたら、自分も投げやりな学生時代を送らずに済んだかもしれない」と正直思いました。同時に、少し救われた気もしました。

他人は信じられないし、相容れない存在です。でも、**人には表からは見えない裏があり、現在からは見えない続きの物語がある。**それは相手に向き合い続けることでしかわかりません。そして**相手が少しずつ変わっていくのを見届けることはできる。**そのことを私は諦めたくないと思ったのです。

他者が変わっていくのと同時に、自分もまた変わっていきます。怒りの場面を経験して、私も「全てのことがどうでもいい」という受動的な諦めから、「あなたと私は違うけれど、話し合うことはできる」という能動的な諦めに変わることができた。**変わるためにいちばん大事なことは、当事者になることです。**どうか恐れないでください。怒られることの全てを無意味だとは思わないでください。私自身が、たくさんの人から怒られて成長できたように、その痛みと敗北の経験は、これからのあなたの世界を切り拓く武器になります。

怒りに対峙して一歩踏み出したとき、きっと新しい相手、そして今まで気づけなかった自分を発見できるはずです。

どうか皆さんが、怒り渦巻く現代の荒波を、自由に、楽しんで乗りこなしていけるように願っています。

おわりに

本書では、私がこれまでに体験してきた実例をまじえて「怒り」との向き合い方を書いてきました。いろいろな人に怒られてきた自覚はあったものの、改めて書き出してみると1冊分の分量になり、「自分ってこんなに怒られてきたんだなぁ」と妙に感心してしまいました。そして怒られてきた経験こそが今の自分を形作っていることを再確認しました。

私はとても憶病な性格です。

私を攻撃するクレームに対峙したり、賠償を要求されたりすると気が気ではなく、それこそ若い頃はベッドに入ってもなかなか寝付けないこともありました。

しかし、怒りを受け止める経験を積んでいくことで、「どのように実害を避ければいいのだろう」といった逃げ腰の思考ではなく、「相手はなぜ怒っているのだろう」という感情面に目が向くようになりました。中には理不尽な要求で金品をせしめようとする人もいますが、それればかりではないことがわかりました。怒っている人の中には一定数、「傷ついている人」がいたのです。

それがわかってからは「怒りや要求から逃げる」のではなく、「一人の人間に向き合う」ことができるようになりました。結局、大事なのは、相手に向き合う自分の姿勢でした。トラブルに見舞われたとしても、今は双方納得のできる形での着地を目指すことができるようになりました。


本書には「怒られてきた」経験ばかりを記しました。そしてふと思いました。

私自身は怒っているだろうか？

私は感情を表に出すタイプではなく、社会全体に形容しがたい怒りをぶつけていた反抗期を除いて、ほとんど声を荒げたことがありません。私はあまり怒らないのです。

本書に登場する「私を怒ってきた人たち」のことを思い返してみると、彼らを恨んだり苦手に感じる気持ちはなく、どこか彼らを愛おしいと感じていることに気付きます。彼らはとても人間的なのです。そしてその荒ぶる思いが私を鍛えてくれました。

ひょっとしたら怒りの発露をしない私は、周囲にその機会を与えることができていないのかもしれません。

……と、ここまで書いていて、ひとつ思い出しました。

今から5、6年前、私の友人が逮捕され、その部屋の後片付けやペットの世話をしていたときのことです。

その友人は私に甘え、「ブランド物のバッグをどこそこに送ってくれ」「マンガ本の差し入れがほしい」「○○さんにこう伝えてくれ」とたくさんの要求をしてきました。私はある程度それに応えていましたが、あまりにも要求が激しかったため、彼に手紙を書きました。「俺はお前の子分ではなく友達だ。友達が善意でやっていること以上の要求をするならば関係を続けることはできない」と。

私は少し怒っていました。すると、手紙を読んだ友人は素直に謝罪をしてくれました。その後もやり取りを続け、出所後も良い友人関係が続いています。

「怒り」はエネルギーの大きな感情です。

そのエネルギーが人を悩ませ、場合によっては深刻なトラブルを引き起こします。

しかし、使い方によっては人間関係を再構築するエネルギーにもなりえます。私もこれからは少しは感情を表に出して、怒る練習をしてみてもいいかもしれません。

本書でも繰り返し書いてきましたが、大切なのは、感情に飲み込まれず自分の判断基準となる核を持つことです。そのスタンスが崩れなければ他者との衝突を必要以上に恐れることはありません。

これからも他者の、そして自分の「怒り」とともに生きていきましょう。

2023年1月

草下シンヤ

イラスト　山本さほ
装丁　杉山健太郎
構成　澤田憲
編集　方便凌

草下シンヤ（くさか・しんや）

一九七八年、静岡県出身。彩図社書籍編集長、作家、漫画原作者。『ルポ西成』『売春島』『怒羅権と私』『雑草で酔う』『悪党の詩 D.O自伝』など多くの作品を手掛ける。著書に『裏のハローワーク』『半グレ』『常識として知っておきたい裏社会』（共著）など。そのほか漫画原作に『ハスリンボーイ』『私刑執行人』など、取材協力に『ごくちゅう！』などがある。YouTubeチャンネル『丸山ゴンザレスの裏社会ジャーニー』のプロデューサーとしても活躍。

怒《おこ》られの作法《さほう》
日本一《にほんいち》トラブルに巻《ま》き込《こ》まれる編集者《へんしゅうしゃ》の人間関係術《にんげんかんけいじゅつ》

二〇二三年四月二五日　初版第一刷発行

著　者　草下シンヤ
発行者　喜入冬子
発行所　株式会社筑摩書房
東京都台東区蔵前二―五―三　〒一一一―八七五五
電話番号　〇三―五六八七―二六〇一（代表）
印刷・製本　中央精版印刷株式会社

ISBN978-4-480-81689-4 C0095